Monika Kiel-Hinrichsen
Warum Kinder trotzen

Monika Kiel-Hinrichsen

Warum Kinder trotzen ...

Phänomene, Hintergründe
und pädagogische Begleitung

Die Autorin:
Monika Kiel-Hinrichsen, Jahrgang 1956, verheiratet, fünf Kinder. Staatlich anerkannte Erzieherin. Studium der Sozialpädagogik. Waldorfpädagogin mit langjähriger heilpädagogischer Erfahrung. Weiterbildung in Beratung, Transaktionsanalyse und Biografiearbeit. Freie Dozentin am Therapeutikum Kiel, dort 2002 Gründung einer Elternschule. Von 1996 bis 2006 Familien-kulturarbeit an der Freien Hochschule für Geisteswissenschaft in Dornach, Schweiz. Seminar- und Vortragstätigkeit im In- und Ausland. Eigene Praxis für Biografiearbeit, Erziehungs- und Eheberatung. Zahlreiche Buchveröffent-lichungen aus dem Bereich der Pädagogik.

ISBN 978-3-8251-7249-7

5. Auflage 2010
Erschienen im Verlag Urachhaus
www.urachhaus.com

© 1999 Verlag Freies Geistesleben & Urachhaus GmbH, Stuttgart
Umschlagfoto: Monika Kiel-Hinrichsen
Fotos auf dem Umschlag und im Text: Aus Privatbesitz
Gesamtherstellung: CPI – Clausen & Bosse, Leck

Inhalt

Geleitwort von Felicitas Vogt   7

Zur Einführung   9

Das Trotzalter   11
Das Ende der Harmonie – Beginn der Autonomie?   11

Phänomene des frühkindlichen Trotzes   13

Die Entwicklung des Kindes in den ersten drei Lebensjahren
unter dem Gesichtspunkt der Enthüllung   20
Vorgeburtliche Hüllenverluste   20
Geburt und Enthüllung   23
Hüllenersatz   25
Entwicklungsphasen   29
Die Trotzphase   34

Psychoanalytische und entwicklungspsychologische Ansätze
zum Trotzalter   40

Geisteswissenschaftliche Gesichtspunkte   44
Entwicklung des Gehens, Sprechens und Denkens   45
Zusammenarbeit mit geistigen Wesenheiten   46

Zusammenfassung der Ansätze   49
Wie können wir Zusammenhänge herstellen?   51

Hilfen im Trotz   53
Pädagogische Gesichtspunkte   53
Pädagogische Leitmotive   58
Grenzen in der Erziehung   59

Alternativen zu Ge- und Verboten   61

Das Bildhafte im Wesen des Kindes   63

Praktische Beispiele für bildhaftes Handeln   67

Ausklingen der Trotzphase   79

Hilfen aus der Nacht   83

Die Selbsterziehung   91

Schulungsübungen   92

Entwicklung eigener Bildhaftigkeit   99

Schlusswort   112

Anmerkungen   114

Literaturhinweise   116

Geleitwort

Noch nie zuvor wurden die Kindheitskräfte, unser kostbarster Schatz für die Zukunftsentwicklung, so elementar und direkt angegriffen wie heute. Unseren Kindern wird es zunehmend erschwert, sich mit ihrem Leib sowie mit der irdischen Wirklichkeit harmonisch und gesund zu verbinden.

So erschweren Babywalker, die Aufrichte am Widerstand zu erringen; ständiges Autofahren, sich hinreichend eigenaktiv zu bewegen; moderne Nahrungsmittel, willensstärkende Verdauungsprozesse durchzumachen; vorbeugende Impfungen, den ererbten Leib zu individualisieren und das eigene Immunsystem zu stärken; frühzeitiger und häufiger Medienkonsum, sich aktiv und altersgemäß mit der Wirklichkeit auseinanderzusetzen; Erziehungsunsicherheiten und Lebensängste der Eltern, sich geborgen einzuwurzeln in Innen- und Außenwelt. Vieles ließe sich hier noch weiter aufzählen.

Schlafstörungen, Allergien, Nervosität sind nur einige der zahlreichen Reaktionen, mit denen unsere Kinder hierauf antworten.

Verstehen wir diese Angriffe jedoch auch als Aufruf, uns für die eigentlichen Bedürfnisse des Kindes wach zu halten, müssen wir uns verpflichtet fühlen, die Geheimnisse der kindlichen Entwicklung immer bewusster zu ergründen.

Monika Kiel-Hinrichsen versteht es, in diesem Buch das trotzende Kind liebevoll in seinen Bedingtheiten und Bedürfnissen dem Leser nahezubringen. Bereichert durch zahlreiche Beispiele aus dem Alltagsleben führt sie in lebendiger Weise in die Gesetzmäßigkeiten dieser Altersstufe ein.

Ihre Darstellung umfasst ebenso die Eltern mit ihren Reaktionen, die von Ungeduld und Verunsicherung bis hin zu nackter Verzweiflung führen können. Voller Verständnis für die Schwierigkeiten dieser Entwicklungsphase entwickelt die Autorin Hilfen für einen sinnvollen Umgang mit dem trotzenden Kind.

In ihren Ausführungen nimmt Monika Kiel-Hinrichsen psychoanalytische, entwicklungspsychologische und geisteswissenschaftliche Aspekte zu Hilfe, um das Trotzalter vertieft zu erfassen. Sie wird damit eine breite Leserschaft erreichen.

Mit diesem Büchlein liegt ein lohnender Versuch vor, eine entscheidende Entwicklungsphase des Kindes tiefer und grundlegender in das Bewusstsein zu heben. Bei den gegenwärtigen Angriffen eine unersetzliche Hilfe für Kinder und Eltern.

Felicitas Vogt

Zur Einführung

Als Mutter von fünf Kindern im Alter von vier bis zwanzig Jahren habe ich mich in vergangenen Zeiten intensiv mit dem Trotzalter auseinandersetzen können.

Es gab trotz dieser Erfahrungen immer wieder Situationen, die mich bei unseren jüngsten Kindern (vier und sechs Jahre) an den Rand meiner Geduld gebracht haben.

An einem solchen »Geduldstag« entstand der Vorsatz, mich intensiver mit dem Trotz zu beschäftigen.

Hilfreich war mir hierbei meine freiberufliche Arbeit am Therapeutikum Kiel, wo ich durch Kurs- und Beratungstätigkeit die Erziehungssorgen und -fragen anderer Eltern begleiten konnte.

Ich möchte Eltern mit dieser Schrift die Möglichkeit geben, sich in vielschichtiger Weise auf den Trotz ihres Kindes vorzubereiten, um es in dieser schwierigen Zeit besser verstehen und annehmen zu können.

Ein hilfreicher Ansatz in der Erziehung ist es, den Entwicklungsphasen der Kinder immer um einen Schritt voraus zu sein, so wie ich bei einem nahenden Unwetter bereits vor dem Ausbruch alles in Sicherheit bringe. Diese Haltung schafft schon eine gewisse Ruhe im Umgang mit dem trotzenden Kind. Vielleicht entwickelt sich im Vorfeld sogar ein souveränes Interesse an der Frage: »Wie denn wohl mein Kind trotzen wird?«

Mein Anliegen ist es, mit der folgenden Schrift über den »frühkindlichen Trotz« zunächst Ansätze der Psychoanalyse, der Entwicklungspsychologie und der geisteswissenschaftlichen Erkenntnisse Rudolf Steiners aufzuzeigen. Die Menschenkunde Rudolf Steiners sehe ich da als eine deutliche Ergänzung zur Entwicklungspsychologie, insbesondere unter dem Gesichtspunkt von Reinkarnation und Karma. Den kleinen Menschen nicht nur unter mikrokosmischen, sondern auch unter makrokosmischen Gesichtspunkten zu betrachten, soll zu einem erweiterten Menschenverständnis beitragen.

Der letzte Teil des Buches mag als eine Anregung zur pädagogischen Begleitung verstanden werden. Es sollen keine Patentrezepte vergeben werden, sondern Hilfestellungen, die zum eigenen kreativen Gestalten führen mögen.

Um nicht den Rahmen – des Trotzalters – zu sprengen, das heißt mich in alle möglichen pädagogischen Gebiete und Gesetzmäßigkeiten zu begeben, gehe ich an manchen Stellen von Begriffen aus, die für den einen oder anderen Leser vertiefungsbedürftig erscheinen mögen. Deshalb sind am Schluss Literaturempfehlungen zur Weiterarbeit aufgeführt.

Meinen ganz besonderen Dank möchte ich an meinen Mann Helmut Hinrichsen richten, der mir immer wieder Freiräume ermöglicht hat, um an diesem Buch zu arbeiten.

Des Weiteren danke ich den vielen Eltern, die mir ihre Erfahrungen mit ihren trotzenden Kindern zur Verfügung gestellt haben, meiner Freundin Heike Vullgraff, die mich zu diesem Buch besonders ermunterte, und Susanne Rubin, die neben ihren Aufgaben als Mutter mich geduldig bei den Schreibarbeiten unterstützt hat.

Widmen möchte ich dieses Werk meinem ehemaligen Lehrer Ingmar Waßmann. Die Liebe zu seiner Aufgabe und somit zu seinen Schülern konnte bei mir einen Samen legen für heutiges Schaffen.

Monika Kiel-Hinrichsen
Juni 1998

Das Trotzalter

Das Ende der Harmonie – Beginn der Autonomie?

Im zweiten und dritten Lebensjahr lässt sich bei den meisten Kindern eine Phase gesteigerter Erregbarkeit beobachten, in der es zu gehäuften Trotzreaktionen kommen kann.
 Eltern werden dabei oftmals von heute auf morgen mit den zurückstoßenden Kräften ihrer Kleinkinder konfrontiert und fühlen

sich hilflos und verunsichert. Versagergefühle und Fragen nach der Richtigkeit der gewählten Pädagogik treten auf. Häufig werden aus Unsicherheit pädagogische Leitmotive umgestoßen.

Emotionales und unkontrolliertes Handeln   Viele Eltern fühlen sich durch die Konfrontation mit ihren Kindern verletzt und handeln dann emotional und unkontrolliert. Plötzlich erlebt man sich wie einst den eigenen Vater oder die eigene Mutter, obwohl man sich doch fest vorgenommen hatte, nie so zu handeln. Oder die Ehepartner sind sich in der Erziehung mit einem Mal nicht mehr einig, da die »scheinbare Macht« des Kindes unterschiedliche Gefühle in ihnen auslöst.

In der Entwicklungspsychologie wird die oben genannte Entwicklungsphase des Kindes als »frühkindlicher Trotz« bezeichnet. Ich möchte im Folgenden versuchen, Schritt für Schritt an den frühkindlichen Trotz – seine Ursachen, Phänomene und Hintergründe – heranzuführen.

Phänomene des frühkindlichen Trotzes

Von vielen Müttern wird berichtet, dass ihre Kinder bereits mit einenhalb Jahren mit dem Trotzen begonnen haben (häufig Geschwisterkinder, die früh Ich zu sich sagten).

Zu diesen Kindern gehörte auch unsere jüngste Tochter.

Mit ihrem ersten ICH erwachte gleichzeitig verstärkt ihre kindliche Willenskraft, die sich in ungeschickter Weise äußerte. Sie ging mit ihrem Bruder in Konkurrenz, und jeder zweite Satz war: »Nein, ich mach das!« Ging etwas nicht schnell genug, so warf sie sich schreiend auf den Boden oder fegte Dinge, die in unmittelbarer Nähe standen, vom Tisch, ohne dass sie zu zügeln war. Nahmen wir sie auf den Arm, so machte sie den Rücken krumm, spuckte und konnte sogar zukneifen. Ihre Trotzphasen verliefen in Kurven, sodass es auch Wochen gab, die widerstandsgeringer waren. Mit etwa zweieinhalb Jahren erreichte die Trotzphase ihren Höhepunkt. Die Kleine war sich an manchen Tagen selbst im Weg und schuf Situationen, die über ihre und unsere Kräfte gingen. Man muss hinzufügen, dass das Grundtemperament bei ihr die Cholerik ist, mit der sie dann auch Gegenstände warf, ihre Milch umkippte oder mit plötzlichem Wutanfall in die Butter griff und zudrückte.

Die kindliche Willenskraft

Sie hat uns oft in ihrer Hilflosigkeit sehr Leid getan, hat sich aber in solchen Situationen nur schwer ablenken oder trösten lassen.

Bei ihr habe ich immer mehr gelernt, vorbeugend tätig zu werden.

Aus einer Elternumfrage mögen noch folgende Beispiele dienlich sein:

Keine Ablenkung hilft

Lennarts (2 Jahre): »Trotzen« heißt bei ihm »sich auf den Boden werfen«, »um sich schlagen, trampeln, schreien« – also die ganze Bandbreite. Er lässt sich überhaupt nicht ablenken. Es hilft nicht, zu meckern oder liebevoll zu reagieren, keine Ablenkung, keine Sanktionen, kein »An-die-Hand-Nehmen«. Man hat zeitweise das Gefühl, dass er trotzig sein *will*, dass das seine Rolle in der Familie ist.

»Lennart hat wieder seinen Wutkopf« – »Warum?« –»Das weiß er selber nicht.« (Auszug aus einem Gespräch mit der großen Schwester)

Arvid (3 Jahre) ist ein sehr ruhiges, ausgeglichenes Kind, solange er in guter Weise beschäftigt ist. Innerhalb klar gesteckter Grenzen kann er sehr frei und selbstbestimmt spielen und arbeiten.

Mit etwa drei Jahren begann Arvid zu trotzen:

Wutausbrüche bei mangelnder Präsenz der Mutter

Der Wille, die Dinge selbst zu entdecken und zu bestimmen, führte zu heftigen Gefühlsäußerungen. Bin ich ruhig und kann dem begegnen, lässt Arvid sich schnell beruhigen, und auch hier ist deutlich sein ausgeglichenes Temperament zu spüren. – Richtige Wutausbrüche bekommt er, wenn ich nicht so präsent bin, wenn zum Beispiel das Telefon läutet. Ich möchte abnehmen und er auch. Das kann zu erheblichen Trotzreaktionen führen. Eine gute Hilfe in extremen Situationen ist für uns ein bestimmtes Ritual, zum Beispiel: »Wenn du nicht hören kannst, musst du dich einen Augenblick aufs Bett setzen.« Er gewinnt dann häufig wieder die Fassung und möchte nach einiger Zeit wieder spielen.

Indirekter Trotz

Mira (3 Jahre) hatte nur eine kurze Zeit, in der sie zuweilen ihren Rücken durchbog und NEIN brüllte. Sie trotzt eher indirekt, trödelt und spielt oft, wenn sie sich anziehen soll oder wenn wir losfahren wollen. Wenn sie etwas tun soll, was sie nicht möchte, sagt sie wohl auch NEIN oder schreit NEIN, lässt sich durch bestimmte Worte aber relativ leicht zu dem bringen, was sie tun soll:

Ich sage zu Mira, dass sie bitte zur Toilette gehen soll.
Sie sagt: »Nein, muss nicht.«
Ich setzte sie drauf und sage: »Alle Menschen gehen zur Toilette, bevor sie schlafen gehen.« Sie sagt: »Ich aber nicht.« Lässt sich aber draufsetzen und macht auch.

Eva wächst als Einzelkind auf. Sie war von Beginn an ein »liebes« Kind. Das Wort »Ich« gebrauchte sie mit zweieinhalb Jahren zum ersten Mal, und im darauf folgenden Sommer begann sie, ihren Willen zu erproben. Aus Gesprächen mit anderen Müttern habe ich den Eindruck, dass Evas Trotzversuche recht harmlos waren, auch wurde ich dadurch nie an meine (Gedulds-)Grenze geführt. Die berühmte Einkaufssituation habe ich mit Eva nie erlebt. Meistens ergaben sich die Differenzen bei der Beendigung »schöner« Beschäftigungen oder beim Schlafengehen. Während der Trotz-Hochphase habe ich Eva gezeigt, dass man sich mit seinen gegenseitigen Wünschen und Forderungen schrittweise annähern kann. Dieses »Handeln« hat sie fast besser gelernt, als ich beabsichtigte. Auf meinen Forderungen habe ich zu gegebener Zeit jedoch trotzdem bestanden. Evas Reaktionen waren meist nicht sehr heftig und auch nur von kurzer Dauer.

Harmlose Trotzversuche

Mit *Maltes* Trotz habe ich nie größere Probleme gehabt. Ich bin viel auf seine Bedürfnisse eingegangen. Wenn es doch zu einem Krach kam, lag es häufig daran, dass ich nicht die nötige Ruhe hatte, mit der Situation umzugehen. Wenn es um Mittun ging, wie Basteln, Backen oder Kochen, wurde es schwieriger, da er gern frei experimentiert und eben nicht, wie ich, nach Vorlagen oder Rezepten arbeitet, was natürlich verständlich ist. Es kam dann zu Szenen wie: »Ich *will* das aber rein tun« (Salz, Gewürze – etwas, was überhaupt nicht passte). Warum kann man nicht so geschickt mit solchen Situationen umgehen, dass das Kind seinem Forscherdrang folgen kann? Ist sein Verhalten »böswilliger Trotz« oder ist es berechtigt? Ich glaube, dass Malte, wenn es zu einer Trotzsituation kam, einfach von seinem Bedürfnis oder seiner Vorstellung so überzeugt war, dass er davon nicht ablassen wollte oder auch nicht konnte.

Forschungsdrang des Kindes

Vorhersehbare Trotzanfälle

Lukas ist Einzelkind. Seine kleinen »Trotzanfälle« sind meist vorhersehbar. Sie sind – wenn ich mich darauf einstelle – relativ leicht zu umschiffen, indem ich ihn rechtzeitig selbst machen lasse oder eine Tätigkeit sofort wiederhole, damit er daran teilhaben kann. (»*Ich* will aber die Schuhe ausziehen, ich wollte rühren ...«)

Daneben gibt es allerdings auch »schwere Anfälle« mit hoher Dramatik. Diese entwickeln eine Eigendynamik, die nicht leicht zu durchbrechen ist. Die Ablehnung einer (aus »Erwachsenensicht«) ganz kleinen, vielleicht sogar absurden Forderung löst heftige, weitere Forderungen seinerseits aus (»Ich will aber!«) oder hat eine totale Verweigerung zur Folge. Sehr schnell schreit oder weint Lukas. Ein mehr oder weniger entschiedenes Nein macht ihn noch wütender und trotziger.

Eskalation der Situation

Damit eskaliert dann die Situation. Ablenkung oder spontane Ideen ziehen meist gar nicht. Auch ein stückweites Einlenken, Nachgeben, der Versuch eines Kompromisses oder auch, ihn gewähren zu lassen (und selbst dabei ruhig zu bleiben), dies alles hilft nur für einen Moment. Auch ein In-den-Arm-Nehmen des schluchzenden Kindes, das nach Tröstung und Tränenabwischen verlangt, lässt ihn nicht von seiner Forderung bzw. dem Hochschrauben der Forderung abweichen. – Werden Wut und Verzweiflung immer heftiger, agiert er auch körperlich, dann tritt er zum Beispiel gegen den Mülleimer, zieht die Mülltüte durch die Küche, fängt an mit Dingen zu werfen, zerrt an mir, schlägt nach mir, manchmal auch sich selbst.

Gleichzeitig Gebrüll, Tränen, heftige, tiefe Verzweiflung, Wehr gegen mich.

Verzweiflung bis zur Unerträglichkeit

Manchmal gerate auch ich in Wut, fühle mich zu sehr provoziert, manchmal bleibe ich ruhig, spüre dann sehr seinen Schmerz. Es scheint so, als ob eine totale Eskalation nötig ist, um eine Verhaltensänderung herbeizuführen. Wenn ich dann »durchgreife«, weil Verbieten oder Entgegenkommen nicht helfen und er schlägt oder zerstört, »schmeiße« ich ihn raus oder ergreife selbst die Flucht. Dieses Alleinsein bzw. Allein-gelassen-Werden steigert seine Verzweiflung bis zur Unerträglichkeit. Meist rennt er sofort hinter mir her,

16

wirft sich schluchzend und bebend in meine Arme, und es gibt Trost, Umarmungen, Liebesbekundungen, und Lukas beruhigt sich.

Ich finde diesen Ablauf mit Lukas' Wut und Verzweiflung selbst schrecklich und schmerzlich, aber vielleicht gehört dies alles zum Durchleben des Trotzes dazu.

Marie, Erstgeborene, hatte keine ausgeprägte Trotzphase. Mit gut zwei Jahren gab es Situationen, in denen sie ihren Willen durchsetzen wollte, indem sie »brüllte«. Sie waren aber nicht sehr extrem. Ich habe die Zeit nicht als besonders anstrengend in Erinnerung. Marie hat melancholische Züge. Sie ist sehr empfindsam, sensibel, hat Angst vor Zurückweisung und verträgt wenig Spannung und Streit. Sie erscheint zart, fast zerbrechlich, ist aber durchaus auch stark. Sie kann sich gut abgrenzen und auch »nein« sagen. Sie braucht viel Zeit und Muße für sich.

Keine ausgeprägte Trotzphase

Lukas ist seit seiner Geburt ganz »da«.Er scheint festen Boden unter den Füßen zu haben. Schon mit eineinhalb Jahren sagte er »ich« und wusste auch genau, was er damit meinte. Schon in diesem Alter warf er sich zuweilen auf den Boden und »brüllte« (es war kein »Weinen«), wenn ihm etwas missfiel oder er nicht seinen Willen bekam. Er ist sehr massiv in seinem Auftreten und nicht zu übersehen. Mit etwa zweieinhalb Jahren suchte er nur die Konfrontation:

Früher Trotz

Beispiel: Mutter: »Lukas, komm bitte, wir wollen los!«

Lukas: »Nein, ich hau ab.«

Zu allem und jedem sagte er erst einmal »Nein«. Grundsätzlich! Wenn er Widerstand spürte, wurde er noch massiver.

Häufige Äußerungen: »Dann hau ich dich.« – »Dann schrei ich ganz laut!«

Er ist sehr »stark«, bietet viel Widerstand, kann aber manchmal auch ganz schnell in sich zusammensinken und erscheint dann als schluchzendes Bündel.

Eine andere Situation:

Lukas: »Ich will raus!«

Mutter: »Ja, komm, ich zieh dir deine Jacke an.«

Lukas: »Ich *will* ohne Jacke raus.«

Mutter: »Nein, das ist zu kalt.«

Lukas: »Ich will aber ohne Jacke gehen!«

Mutter: »Nein ...«

Es geht ein paar Mal hin und her. Argumente, Tricks, spielerischer Spaß, nichts hilft.

Lukas wirft sich auf den Boden und brüllt, knallt noch extra mit dem Kopf auf, damit es ihm auch weh tut, und verstärkt sein Brüllen und Strampeln. Nichts kann ihn erreichen.

Lukas: »Du bist gemein!«

Nichts hilft, Lukas bleibt im Haus. Auch nach 20 Minuten hat er nichts vergessen, und das gleiche »Theater« fängt von vorne an.

Lukas ist schwer auf spielerische Weise zu erreichen. »Bilder« überzeugen ihn nur selten. Er hat eine cholerische Temperamentneigung.

Spiel mit dem Trotz *Kristoffer* ist eineinhalb Jahre alt. Er schnappt sich vom Tisch ein kleines Täfelchen Schokolade und geht damit zu seinem Vater, der es auspacken soll. Dieser wickelt es aus und will es Kristoffer in den Mund stecken. Der will es aber in die Hand nehmen.

Vater: »Schau, Kristoffer, schnell, lass es in den Mund fliegen.«

Kristoffer schüttelt den Kopf, schreit, läuft weg, schreiend durch die Wohnung. Kommt ruhig zum Vater, deutet auf die Schokolade. Vater will ihm erneut das Stück in den Mund stecken. Kristoffer schüttelt den Kopf, schreit, läuft schreiend durch die Wohnung. So geht es noch zwei Mal und dann kommt er zum Vater, hält seinen offenen Mund hin, isst die Schokolade und lacht.

Daniela hat recht früh angefangen zu trotzen, sie hat mit etwa eineinhalb Jahren zu sich das erste Mal »Ich« gesagt. Es begann damit, dass sie bewusst »nein« sagte und sich weigerte, die verlangten Dinge zu tun. Ihre Art zu trotzen verlief aber sehr milde. Sie ist zweimal *Milder Trotz* während eines Wutanfalles weggelaufen, was wir sehr erstaunlich fanden, weil sie es davor und danach nie wieder getan hat und weil sie auch vom Typ her ein Kind ist, das im übertragenen Sinne »bei Fuß« geht. An richtige Trotzanfälle kann ich mich nicht erinnern. Mit der Geburt ihrer Schwester – sie war damals 26 Monate alt – wurde sie sehr eifersüchtig. Ein Gefühl, das uns beiden sehr zu schaffen gemacht hat. Vom Typ und Temperament würde ich Daniela heute mit sechs Jahren als ruhig und zurückhaltend beschreiben und sie als melancholisch-sanguinisch einschätzen.

Danielas Schwester Christiane ist eher ein sanguinisch-cholerisches Kind. Sie ist, wenn sie trotzt, überhaupt nicht ansprechbar. Tut man es dennoch, steigert sie sich noch stärker ins Trotzen hinein, und es dauert auch länger, bis sie wieder »zu sich kommt«. Sie ist sehr willensstark, hat ihren eigenen Kopf und ihren eigenen Rhythmus, in dem sie etwas macht oder zu machen bereit ist. – Als die Trotzphase begann, sagte sie zu allem, egal, ob es passte oder nicht, grundsätzlich »NEIN«! *Steigerung in den Trotz*

Zusammenfassend kann man an den Beispielen von Müttern und Kindern ablesen, dass es eine Lebensphase im zweiten und dritten Lebensjahr gibt, der eine gewisse Gesetzmäßigkeit zugrunde liegt. Innerhalb dieser Gesetzmäßigkeit zeigen sich Formen des Trotzes in unterschiedlichen Abstufungen. Diese haben etwas mit dem individuellen – soweit in diesem ersten Lebensabschnitt überhaupt möglich – Wesen zu tun. Durch die Elternumfrage konnte sich der Eindruck bestätigen, dass Art und Ausmaß des Trotzes durchaus in Verbindung mit dem jeweiligen, anfänglich sich andeutenden Temperament des Kindes, mit der Geschwisterstellung und der pädagogischen Geschick- oder Ungeschicklichkeit der Eltern zu sehen ist. Des Weiteren können natürlich familiäre Spannungen zur Trotzverstärkung führen. Hier gilt es, dem eigenen Verhalten und der eigenen Wahrnehmung gegenüber sensibel zu werden. *Gesetzmäßigkeit in der Trotzphase*

Zusammenhang mit dem Temperament

Um zu einem umfassenden Verständnis der Trotzphase zu kommen, möchte ich nun gewissermaßen beim Nullpunkt beginnen. Ich werde im Folgenden die Entwicklung des Kindes vom Zeitpunkt der Konzeption bis zum Trotzalter darstellen und einzelne Entwicklungsschritte zu einem großen Enthüllungsprozess zusammenführen.

Die Entwicklung des Kindes in den ersten drei Lebensjahren unter dem Gesichtspunkt der Enthüllung

Vorgeburtliche Hüllenverluste

Die Erdenreise[1]

»Es war einmal ein kleiner Engel, der lebte droben im Himmel in einem großen Schloss, das in einem wundervollen Garten lag. Dieser war zum Schutze der vielen Engel, die das Schloss bewohnten, von einer dicken Mauer umgeben.

Eines Tages ging der kleine Engel im Garten spazieren und entdeckte in der Mauer einen Schlitz. Er spähte voller Neugierde hindurch und sah weit unten die Mutter Erde. Eilig lief der kleine Engel zum Tor, an welchem ein großer Engel wachte. ›Kann ich hinunter auf die Erde?‹, fragte der kleine Engel aufgeregt.

›Da muss ich erst den Herrn des Schlosses fragen, warte du hier auf mich!‹

Es verging eine ganze Weile, bis der große Engel wiederkam, er hatte eine gute Nachricht mitgebracht. Der kleine Engel war bestimmt, auf die Erde zu gehen.

›Ich werde dich ein Stück begleiten‹, sagte der große Engel, und sie machten sich gemeinsam auf die lange Reise. Der kleine Engel war voller Kraft und Erwartung, und als sie an eine Sternenwiese kamen, fragte er ungeduldig, ob sie nun da seien. Doch der große Engel vertröstete ihn: ›Warte noch ein Weilchen, es ist noch zu früh.‹

So machten sie sich weiter auf den Weg, bis sie an ein großes Feld mit Sonnenblumen kamen. Der kleine Engel war gewiss, dass sie nun am Ziel seien. Aber sie waren noch immer nicht auf der Erde angelangt. Doch wieder vertröstete ihn der große Engel, zeigte ihm aber schon die umherfliegenden Vögel und Schmetterlinge, und bei genauem Hinschauen entdeckten sie sogar ein Schneckchen im Gras. Nun schien der Weg wirklich nicht mehr weit zu sein.

Als sie an einem großen Farbenbogen ankamen, sprach der große Engel: ›Wir sind am Ziel, du darfst nun allein weitergehen – deine Flügel lasse bei mir zurück. Ich bewahre sie für dich auf, bis du wiederkommst.‹

Voller Schrecken schaute der kleine Engel den Großen an und sprach: ›Aber wie soll ich ohne meine Flügel hinunterkommen?‹

›Schau, dort, siehst du den Farbenbogen? Ihn kannst du betreten und bis hinunter auf die Erde wandern. Und nun Ade, kleiner Engel, und vergiss nicht, wiederzukommen.‹

Der kleine Engel betrat die Farbenbrücke und machte sich auf den Weg hinunter zur Erde. Dort warteten die Eltern des kleinen Engels auf ihr Kindlein. Sie haben ihm eine Wiege gerichtet, mit einem warmen Fell darinnen und einem Himmel darüber, sodass es sich geborgen fühlen konnte. In der Zeit des Wartens aber war etwas ganz Besonderes bei den Eltern gewachsen – das war die Liebe zu ihrem Kind, und mit dieser Liebe haben sie seinen Namen gewählt und es willkommen geheißen.«

Was sich in dieser Geschichte so bildhaft darstellen lässt (besonders schön geeignet für die kindliche Seele), sieht in Erdenverhältnissen etwas anders aus. Deutlich konnte durch die Geschichte werden, dass ein Absteigen zur Erde für das sich inkarnierende Wesen einen ersten Abschied aus der geistigen Welt bedeutet – ein wenig geistige Hülle bleibt zurück.

Der Dichter Novalis beschreibt es mit den Worten:

»Wenn ein Geist stirbt, wird er Mensch,
Wenn ein Mensch stirbt, wird er Geist.«

Rudolf Steiner beschreibt diesen geistigen Enthüllungsweg, indem er sagt, dass sich am 17. Tag nach der Konzeption die geistige In-

21

Embryonal- dividualität dem physischen Keim zuwendet und beginnt, auf diesen
entwicklung einzuwirken.

In der nun folgenden Zeit von zehn Mondmonaten ist der wachsende physische Leib des Kindes in intensivster Weise umhüllt. Es liegt eingebettet im Fruchtwasser, umgeben von den Eihäuten und der alles umschließenden Gebärmutter, die wiederum von den Eingeweiden, den Darmschlingen, umgeben ist und durch die beständige Stoffwechseltätigkeit alles wunderbar erwärmt.

Pränatale An dieser Stelle möchte ich einen kurzen Blick auf die pränatale
Diagnostik Diagnostik richten. Jede werdende Mutter steht heute vor der Frage, Ultraschalluntersuchungen machen zu lassen oder oftmals schon ab dem 30. Lebensjahr sich einer Fruchtwasseruntersuchung unterziehen zu müssen, um eine Behinderung des Kindes auszuschließen. Hier wird eine Enthüllung (Irritation) des ungeborenen Kindes erlebbar. Die Technik schafft Transparenz über etwas – die Entwicklung, das Geschlecht, die Behinderung –, was die Natur verhüllt eingerichtet hat. Das wirft ernste Fragen auf.

Geburt und Enthüllung

Verlaufen die weiteren Schwangerschaftsmonate komplikationslos und kommt es zur Geburt, ändern sich für das Kind die Verhältnisse in der Gebärmutter. Werner Hassauer beschreibt in seinem Buch »Die Geburt der Individualität«[2] auf eindrucksvolle Weise, welch einschneidendes Erlebnis dieser Vorgang für das Kind ist.

Durch die Kontraktion der Gebärmutter, besonders in der Endphase, wird die Sauerstoffversorgung des Kindes über die Mutter zugunsten der Kohlensäure beeinträchtigt, die im kindlichen Blut während der Wehentätigkeit zunehmend angereichert wird.

Diese Anreicherung der Kohlensäure im kindlichen Blut, also ein buchstäbliches »Sauerwerden«, ist der Faktor seitens der Gasverhältnisse, der das Einsetzen der kindlichen Atmung beeinflusst. Unter der Geburt tauscht das Kind die es vorher umgebende Hydrosphäre (Wasser) gegen die Atmosphäre (Luft) aus. Mit dem Moment der Geburt wird es bar seiner bisherigen Hüllen. Das kann in eindrucksvoller Weise als ein differenziertes Enthüllungsgeschehen gesehen werden.

Raum-, Zeit- und Wärmeverhältnisse nach der Geburt

Der Säugling gerät durch die Geburt unter den Einfluss der Erdenschwere, der Kälte, des scheinbar unendlich großen Raumes, der Zeitverhältnisse und des Schmerzerlebnisses.

Im Mutterleib hatte das Kind eine beständige Temperatur von 37 Grad Celsius. Mit der Geburt verliert es erst einmal an Eigenwärme und erlebt einen Kälteschock. Um das nachvollziehen zu können, stelle man sich einmal vor, man stehe unter einer wohlig-warmen Dusche und plötzlich kommt nur kaltes Wasser. Man wird eine Gänsehaut bekommen, das Erlebnis des seelischen Zusammenziehens haben und, ich vermute, frierend und schimpfend für Wärme sorgen, um diesem unangenehmen Schock beizukommen.

Kälteschock

Eben das erlebt das Neugeborene auch, zumal es mit etwas völlig Unbekanntem konfrontiert wird. Es erschrickt, holt unwillkürlich Luft *Der erste Atemzug* und schreit im darauf folgenden Ausatmen laut los. »Auf den Schwingen der Luft fährt sozusagen unser Seelenwesen bei der Geburt in uns hinein, bewohnt dann von innen heraus unsere Leiblichkeit und bringt die so entstandene seelische Innenwelt in differenziertester Weise, wiederum über das Luftelement, in Laut und Sprache zur Äußerung«, schreibt Hassauer, und: »Das heißt doch, dass jetzt etwas aus dem neugeborenen Wesen heraustönt, was vorher nicht darin war. Und dass es eine empfindungserfüllte, also seelische Äußerung ist, heißt, dass jetzt völlig neu eine Seele aus dem Inneren des Menschen heraus sich äußert.«

Wie verhält es sich mit dem Raumverhältnis?

Während der Schwangerschaft war das Kind auf engstem Raume *Fehlende* umhüllt und hatte eine stetige Begrenzung, seine Bewegungen wa- *Begrenzung* ren ein ständiges Beklopfen, es hat Vertrauen über die natürliche Leibesgrenze der Mutter erhalten. Damit war ihm durch das Erleben eines Widerstandes die Möglichkeit der Selbstwahrnehmung gegeben. Das umgekehrte Erlebnis kann man nach der Geburt bei einem Neugeborenen haben, wenn die Umhüllungen mit einem Male wegfallen und der Säugling im freien Raum strampelt und lebhafte Bewegungen ausführt. Diese Bewegungen sind keine freudigen und lusterfüllten. Das Neugeborene greift vielmehr in den Raum hinein und findet keine Begrenzung mehr, die es zum Eigenerleben des Geborgenseins bringen kann. Dieses Schreckerlebnis hat sofort ein Ende, wenn wir dem Neugeborenen wieder eine Hülle geben, indem wir es in unsere Arme schließen, in ein wärmendes Bad halten oder mit einem Wickeltuch umhüllen.

Erdenschwere Schließlich weist Hassauer auch noch auf die Veränderung der Schwereverhältnisse hin, denn im Fruchtwasser bewegte sich der Säugling in der Leichte, mit der Geburt erlebt er plötzlich seine Erdenschwere im vollsten Maße. Was das heißt, wird an einem Beispiel verdeutlicht.

»Vielleicht kommen wir dem Erleben des Kindes am ehesten nahe, wenn wir uns in einem Betonschwimmbad denken, aus dem relativ rasch das Wasser abgelassen wird, so dass wir unsere vorher mit Leichtigkeit und Anmut ausgeführten Schwimmbewegungen nunmehr auf dem Betonboden des Bades ausführen müssen. Man wird zugeben, dass dies eine wahrhaft unangenehme Vorstellung ist. In dieser Situation befindet sich aber das Kind nach der Geburt! Dass diese allzu irdische Tatsache nicht mit freudigem Lächeln, sondern mit unlustigem, schmerzerfülltem Schreien und Protestieren quittiert wird, dürfte klar sein.«

Hüllenersatz

Welche Aufgaben kommen nach dieser Betrachtung von Geburt und Schwangerschaft auf uns Eltern zu?

Wenn die Geburt ein Enthüllungserlebnis ist, sind die Eltern aufgefordert, die verlorenen Hüllen zu ersetzen. Nehmen wir einmal den Kälteschock des Neugeborenen. Es wurde gesagt, dass ein wärmendes Bad und das Umhüllende durch Mutter oder Vater sogleich helfen, den Wärmeverlust auszugleichen. Ich möchte hier unbedingt auf die Bekleidung des Kindes hinweisen. Ein mit Wolle bekleideter Säugling ist keinen Temperaturschwankungen ausgesetzt, da Wolle Feuchtigkeit aufnimmt und nach außen abgibt. Hat das Kind noch ein Mützchen auf dem Kopf, dann kann auch hierüber die Körperwärme nicht verloren gehen, denn ein großer Teil der Körperwärme wird über den Kopf abgegeben.

Ausgleich des Wärmeverlustes

Ich möchte den Unterschied zwischen Kälte und Wärme im Zusammenhang mit der kindlichen Konstitution ein wenig deutlicher werden lassen.

An dem Beispiel unter der Dusche konnte man erleben, dass ein Kälteschock zu einem extremen Aufwachen führt. Ein Kind, das Temperaturschwankungen (z. B. spürbar an kalten Füßen und Händen)

Vorsicht vor Überhitzung

ausgesetzt ist, wacht an seinem Körper mehr auf als eines, das sich wohlig warm anfühlt. Hier gilt natürlich auch das andere Extrem: Ist ein Kind bis zu den Augen in Wolle und Decken gehüllt, so hat es nicht das Erlebnis von wohliger Wärme, sondern anstrengender Hitze. Wir können sagen, dass Kühle unser übersinnliches Menschenwesen immer in unsere Körperlichkeit hineinführt, sozusagen irdisch macht, wir werden verkörpert. Wärmesteigerung löst uns wieder etwas aus unserem Körper hinaus, exkarniert uns. Das kleine Kind benötigt das Ausgleichende.

Ich erinnere mich noch gut an die Geburt unseres Sohnes, der in der Klinik zur Welt kam. Wir blieben über Nacht zur Nachkontrolle. Natürlich hatten wir Fell, Wollsocken, Mützchen und Schlafsack dabei. So wurde aus unserem Neugeborenen ein kleiner »Wollmobbel«. Ich musste mir innerhalb von 24 Stunden von mehreren Schwestern sagen lassen, mein Kind sei zu warm eingepackt. Später versuchten Nachbarn und Großeltern, uns etwas über das Abhärten von kleinen Kindern zu erzählen.

Deshalb hierzu noch ein Zitat von Werner Hassauer:

Abhärtung

»In dem Begriff ›Abhärten‹ steckt ja die Bedeutung ›hart‹, ›hart werden‹, ›fest werden‹, ›undurchlässig werden‹. Ist nicht die Undurchlässigkeit für Spirituelles, das seelische Verhärtetsein, die Interesse- und Lieblosigkeit vieler unserer Zeitgenossen den Belangen und Nöten der Mitmenschen, ja der gesamten Umwelt gegenüber, Folge dieser ›Abhärtung‹? Sind diese Tatsachen nicht Signum, Ausdruck nicht mehr stimmender Wärmeverhältnisse unserer Organisation?«

Liegt hierin nicht auch bereits eine Wurzel für die Verfrühungstendenzen im Kleinkindalter?

Das Kleinkind wacht auf an seinem physischen Leib, dieser zeigt ihm eine Grenze – Grenze hat ja etwas Undurchlässiges.

Wie verhält es sich unter diesen Gegebenheiten mit der Seele des Kindes?

Seelisches entfaltet sich in der Wärme, unter kühlen Bedingungen zieht sich das Seelische zusammen und löst Unwohlsein aus.

Kommen wir nun zu den veränderten Raumverhältnissen. Ich habe

bereits von der Umhüllung nach der Geburt gesprochen, möchte hierauf aber noch differenzierter eingehen.

Für die ersten sechs bis acht Wochen wird empfohlen, den Säugling zu »pucken«, das heißt, ihn zu windeln und dann mit einem großen Tuch oder Wolltuch die Beinchen bis zu den Hüften einzuwickeln. Das »Pucken« wirkt dem Drang der unkoordinierten Spontanbewegungen entgegen, grenzt das Kind in seinen unkontrollierten Bewegungen ein und verleiht ihm Geborgenheit und Ruhe. Das Kind kann sich erst einmal Sicherheit in den Kopf- und Armbewegungen verschaffen. Man kann an den gepuckten Kindern beobachten, dass sie einen ruhigen, entspannten Blick haben. Meist löst sich das gewickelte Tuch mit zunehmender Bewegungskraft von allein. Jetzt erhält das Kind Strampelhosen. Hier kann noch längere Zeit ein Strampel-

»Pucken« gegen unkoordinierte Spontanbewegungen

sack darübergezogen werden, denn auch daran kann es eine feste Grenze erleben.

Aus Kostengründen schaffen viele Eltern gleich zu Beginn der Säuglingszeit ein Kinderbett an, in dem sich der Säugling eigentlich nur verloren vorkommen muss. Gerade in den ersten Lebensjahren benötigt das Kind ein Bett, in dem es anstoßen, Grenzen und Hülle spüren kann. Wie bereits erwähnt, ergibt sich auch hier die Möglichkeit der Selbstwahrnehmung über einen Widerstand, so wie das Ungeborene an den Mutterleib anklopfen konnte. Ich möchte anregen, dem Kleinkind wenigstens in den ersten drei Lebensjahren einen Himmel über die Wiege oder das Bett zu spannen, denn auch hierin fühlt sich das Kind umhüllt und abgeschlossener von den Reizen seiner Umgebung.

Grenze und Hülle im Kinderbett

Kommt es in die selbstständige Bewegung hinein und möchte es seinen Erlebnisradius vergrößern, so ist es hilfreich, dem Kind die beschützende Grenze über ein Laufställchen oder Türgitter zu geben, und sei es immer nur für kurze Zeit!

Kinder müssen nicht unentwegt auf Entdeckungsreise sein, sondern benötigen auch einen geschützten Rahmen und ein »Bei-sich-Sein«. Erlebt ein Kind in den ersten Lebensjahren diese liebevoll gesetzten, selbstverständlichen Grenzen, so ist in der Erziehung ein Grundstein für Vertrauen, Sicherheit und gesunden Gehorsam gelegt.

Liebevoll gesetzte Grenzen

Abschließend sei eine weitere, tief bedeutsame Hülle aus geisteswissenschaftlicher Sicht erwähnt: die Muttermilch. Rudolf Steiner hat hierzu gesagt:

Muttermilch

»Die Muttermilch hat die Stoffe der Außenwelt in solcher Weise für das Kind vorbereitet, dass es sie eben über die Milch aufnehmen kann. Die Milch trägt ihren Geist in sich und trägt die Aufgabe, den schlafenden Kopfgeist zu wecken.«[3]

Man könnte auch sagen, das Stillen beinhaltet eine Verbindung von Physischem und Seelisch-Geistigem. Dieses kann keine adaptierte Milch leisten.

Entwicklungsphasen

Nehmen wir nun das Bild der stillenden Mutter und betrachten dabei das saugende Kind:

Es schmatzt wohlig, oftmals sind Hände und Füße mit in Bewegung. Das ganze Kind ist gewissermaßen Schmecken. Wir sprechen in den ersten sieben Lebensjahren davon, dass das Kind ganz Sinneswesen ist. Es nimmt über seine Sinne die Welt in sich auf, es ist hingegeben an die Welt und kann sich ihr gegenüber nicht verschließen. Es kann eben nicht die Augen schließen oder »nein – genug!« rufen.

Das Kind ist ganz Sinneswesen

Das kleine Kind hat eine solche Hingabe an die Welt, wie wir sie später nur im Glauben haben können.

*Was bewirkt diese aktive Hingabe an die Welt im Kind –
sein »ganz Sinnesorgan Sein«?*

Diese Fähigkeit bewirkt, dass das Kind ein nachahmendes Wesen sein kann. Es bildet unbewusst die Außenwelt nach.

Rudolf Steiner hierzu:

»Wenn Sie das menschliche Auge betrachten und davon abse-hen, was durch das menschliche Auge in das Vorstellungsleben hereingenommen wird, so äußert sich ja die Augenorganisation im eigentlichen Sinne auch darinnen, dass die Umwelt innerlich nachgebildet wird. Dieser Nachbilder bemächtigt sich dann erst das Vorstellungsleben. Da schließt sich das Vorstellungsleben an das Sinnesleben. Das ganz kleine Kind ist ganz unbewusst Sinnesorgan. Es bildet innerlich dasjenige nach, was es namentlich an Menschen seiner Umgebung wahrnimmt. Aber diese innerlichen Bilder sind nicht bloße Bilder, sie sind zugleich Kräfte, die das Innerliche stoff-lich, plastisch organisieren!«[4]

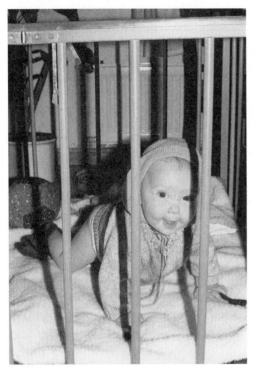

Forscherdrang

Eltern und Erzieher sind für das Kind das Vorbild, an dem es sich entwickeln kann, indem es sie nachahmt. So gilt für die ersten sieben Lebensjahre:

Das Kind lernt über Vorbild und Nachahmung, und es ist von großer Wichtigkeit, was und wie wir etwas vor unseren Kindern tun.

Betrachten wir zunächst einmal die ersten drei Lebensjahre in ihrer Gesetzmäßigkeit

GEHEN – SPRECHEN – DENKEN

Innerhalb des ersten Lebensjahres richtet sich die innere Aktivität des kleinen Kindes auf die Außenwelt und darauf, seine eigene Leiblichkeit zu entdecken. Verfolgt man diesen Vorgang aufmerksam, so sieht man, wie auch der eigene Leib anfangs noch eine unbekannte »Außenwelt« ist. Die Händchen, die durch das Blickfeld rudern, werden entdeckt und als erstes Spielzeug verwendet. Dann folgt die Entdeckung der eigenen Beine, die Füßchen werden ergriffen, der große Zeh wird belutscht, und plötzlich ist wieder alles aus dem Gesichtsfeld verschwunden. Hat das Kind seine Leiblichkeit entdeckt und erstes Beherrschen gelernt, so beginnt es sich aus der Horizontalen aufzurichten und eine erste Orientierung im Raum zu finden und diesen über das Robben, Krabbeln und Aufstellen in seiner Dreidimensionalität zu erfassen, zu erforschen.

Nun ist schnell der erste Schritt getan, und ein kleiner Mensch voller Tatendrang steht vor uns. Dieser Aufrichteprozess ist neben dem Lächeln die erste eigentlich menschliche Äußerung. Das Aufrichten und Gehen erlernt der kleine Mensch am Vorbild seiner Umgebung. Der Aufrichteprozess hat bei jedem Kind einen anderen charakteristischen Verlauf. Das eine Kind sitzt sehr lange und krabbelt wenig – bewegt sich auf dem Po rutschend fort, während das andere schnell wie ein Wiesel umherkrabbelt, sich plötzlich hochstemmt und mutig losläuft.

Bereits hier kann man unterschiedliche Temperamente von Kindern wahrnehmen und Hinweise auf die sich entwickelnde Persönlichkeit bekommen. Mit dem Laufen beginnt das Kleinkind sich nun auch aus der engen Hülle zwischen Mutter und Kind zu lösen und vergrößert seinen Aktionsradius. Hier wurde ja bereits über den Ersatz oder die umhüllende Grenze durch ein Laufställchen und Türgitter gesprochen.

Im Zusammenhang mit dem Aufrichten entwickelt sich beim Kleinkind eine neue, typisch menschliche Fähigkeit: das Sprechen.

Vorher hat es alle möglichen Laute erprobt, mit dem Gehenlernen beginnt es ganze Wörter zu sprechen. Mit dem Ausformen der Bewegungen im Laufen, Hüpfen, Springen gestaltet sich auch die Sprache in Satzbau und Zeiten aus. Unmittelbar an das Gehen und Sprechen ist die Entwicklung des Denkens geknüpft – das Wahrnehmungsleben ist erwacht. Das Kind hat einen Teil der räumlichen Außenwelt erobert. Die allererste Form der Erinnerung ist erwacht.

Die Sprache und das Denken entwickeln sich in drei großen Schritten. Hierzu kann eine Darstellung von Karl König aus seinem Werk »Die ersten drei Jahre des Kindes« hilfreich sein:

Sprache	Denken	
1. Nennen	Merken	– lokalisierte Erinnerung
2. Sagen	Besinnen	– rhythmisierte Erinnerung
3. Reden	Erinnern	– bildhafte Erinnerung

Mit dem Gehen des Kindes ist die Hand nicht mehr Fortbewegungsorgan, sondern wird frei für Gesten und höhere Aufgaben.

Sprechenlernen Zu diesem Zeitpunkt bildet sich neben dem Zentrum der Hand das Sprachzentrum aus. Nun wird das äußerlich Gehörte in ständiger Übung mit großer Freude nachgeahmt. Als Erstes lernt das Kind die Außenwelt zu benennen: Katze, Milch, Tasse, Bruder, Blume. Es hat den Gegenstand erkannt und gibt ihm seinen Namen. Dies ist nun bereits ein allererster Beginn, sich der Außenwelt gegenüberzustellen, denn vorher hat es sich noch ganz verbunden mit der Welt erlebt.

Das Sprechenlernen ist also der Anfang eines Ausgliederungsvorganges des eigenen Wesens aus der ganzheitlichen Welt und findet weitere entscheidende Höhepunkte in der Trotzphase, im siebten Lebensjahr, im neunten Lebensjahr und in der Pubertät.

Nun entwickelt sich das Denken am und im Sprechen, was sich in dem Wort »Merken« ausdrückt. Indem das Kind die Dinge benennt, werden sie ihm zum Merkmal, welches es noch benötigt, um sich bei erneuter Begegnung an den Begriff zu erinnern.

Entdeckung der Klaus kommt am Hühnerstall vorbei und sagt »Hühner« oder
Außenwelt »Hahn«. Der nächste Schritt ist, dass ein Tätigkeitswort dem Namen des Dinges hinzugefügt wird: Hahn kräht – Milch trinken – Bruder weint. Die Außenwelt wird nicht mehr nur als seiend festgestellt, sondern als eine Welt von handelnden Wesen aufgefasst. Das Kind begreift mehr und mehr den Sinn, dies steckt ja in dem Wort Besinnen. Es »sagt« sich über die Welt aus.

Ausbildung Jetzt beginnt im Kind ein Zeitbegriff aufzudämmern. Ein Gefühl
der Erinnerungs- für Heute – Morgen – Gestern erwacht, und es entsteht ein Durch
fähigkeit schauen von zunächst einfachen, später komplizierteren Zusammenhängen, die mit Handlungen verbunden sind. Über die Ausformung

der Sprache und das daran sich entwickelnde Denken bildet sich zunehmend die Erinnerungsfähigkeit aus. So haben wir auf der Stufe des Redens einen bereits differenzierten Satzbau und eine bildhafte Erinnerungsfähigkeit. In dem Wort »Erinnern« finden wir ein »Innen«, was auch heißt: Die Bilder – Wahrnehmungsinhalte – können miteinander verbunden werden, sodass das abstrakte Denken und das Gedächtnis gebildet werden können. Dies mag an einem Beispiel deutlich werden:

Mein damals zweieinhalb Jahre alter Patensohn hatte es zeitweilig schwer, in den Mittagsschlaf zu kommen, und übte sich bereits im Argumentieren. So stand er eines Mittags vor seiner Mutter und teilte ihr stolz mit: »Mama, die Schlafe ist kaputt!«

Oder: Mein Sohn liebte über alles das Betrachten von arbeitenden Baggerfahrern. Auf die an mich gerichtete Frage, warum der Bagger nicht fahren würde, hat er sich selbst die Antwort: »Der Bagger hat Wochenende« gegeben.

An den Erfahrungen der Kinder kann deutlich werden, dass sie nun in der Lage sind, verschiedene Zusammenhänge auf einen Erlebnismoment zu beziehen, dieses natürlich altersentsprechend noch ein wenig unbeholfen, aber doch recht bildhaft.

In dieser Phase des Denkens erwacht im Kind ein Bewusstsein des eigenen Seins. Es erwacht das eigene ICH! Mit diesem ICH-SAGEN setzt das Gedächtnis ein, weshalb man sich später genau bis zu diesem Zeitpunkt zurückerinnern kann. Dies ist ein sehr deutlicher Moment in der Entwicklung des Kindes, das nun einen erneuten Ausgliederungsvorgang, eine Enthüllung aus der Familie erlebt. Es wird für uns erlebbar, dass es doch einen anderen Nachdruck hat, wenn der Sohn sagt: »Ich mache das« statt »Jonathan macht das«. Man spürt bereits hier ein erstes Gegenüberstellen.

Bewusstsein des eigenen Seins

Diese Bewusstseinsleistung geht mit der zunehmenden Reifung des Großhirns, speziell mit der Marksscheidenausbildung in der Großhirnrinde einher. Es kommen wichtige Knochenverschlüsse am Schädel hinzu. Am Ende des ersten Lebensjahres schließen sich die Fontanellen endgültig, jetzt beim 2 1/2 bis 3jährigen Kind verschmilzt die Stirnhaut zwischen den beiden Stirnbeinknochen und wird röntgenographisch unsichtbar, sodass von da an ein einfaches Stirnbein vorliegt, in gewissem Sinne eine Staumauer nach außen und nach innen. Nun zieht sich das kosmisch offene Bewusstsein des Kleinkindes, welches sich noch überall mit der Umwelt identifizierte und das wir bisher mehr um den kleinen Leib herum als in ihm erleben konnten, hinter die sich zumauernde Stirn zurück. Die erste Trotzphase beginnt.

Das kosmische Bewusstsein zieht sich zurück

Die Trotzphase

Das kleine Kind erlebt also um das dritte Lebensjahr herum ein Erwachen – ein Bewusstsein seines eigenen »Seins« über das eigene Ich. Vorher drückt sich der kindliche Wille noch unbewusst aus. Man denke nur an das kräftige Stoßen des Wickelkindes oder das Sich-auf-den-Boden-Werfen des Kleinkindes. Diesem neuen Erleben, außerhalb und gegenüber der übrigen Welt zu stehen, verleiht das Kind Ausdruck, indem es Widerstand leistet. Durch diesen Widerstand, meist begleitet von dem Wörtchen »NEIN«, erlebt es mit allem Nachdruck sein eigenes Wesen. Wir sprechen dann von der beginnenden Trotzphase.

Willenskraft

Was vorher die Muskelkraft des Neugeborenen war, wird nun in einen Bewusstseinsprozess gehoben und zeigt sich als die Willenskraft der Zweijährigen. Das Kind betritt mit dieser Phase gewissermaßen neuen, unsicheren Boden, den es zu bearbeiten gilt. Das Werkzeug dazu möchte ich einmal den Trotz nennen.

Die Bedeutung dieses Widerstandes lässt sich durch die folgende Übung unterstreichen:

Bringen Sie Ihren linken Arm in Ihre Wahrnehmung – wenn er nicht gerade schmerzt, dürften Sie ihn eigentlich nicht spüren können!

Nun drücken Sie mit Kraft – Widerstand – ihren Arm. Sie werden in diesem Augenblick mit Bewusstsein ihren Arm gespürt haben.

Oder stellen Sie sich vor, Sie sitzen in einem Vortrag. Das Thema spricht Sie sehr an, Sie sind mit dem Vortragenden ganz sympathisch verbunden und schlafen gewissermaßen ein Stück in ihn hinein – bis zu dem Moment, wo er etwas sagt, mit dem Sie nicht einverstanden sind! Es regen sich Antipathiekräfte, Sie wachen auf (im oben genannten Sinne) und spüren sich mit Ihrer Urteilskraft und Persönlichkeit wieder stärker.

Widerstand und Persönlichkeitsentwicklung

An den Beispielen kann deutlich werden, dass Widerstand für die Persönlichkeitsentwicklung des kleinen Kindes als auch des Menschen überhaupt notwendig ist, damit sich ein Ich bilden und entfalten kann.

Die anstrengende Ich-Phase Diese »Ich-Phase« im Kindesalter gestaltet sich für die Eltern und Kinder äußerst anstrengend und bringt viele Eltern und Erzieher zum Verzweifeln und oftmals an die Grenzen ihrer Handlungsfähigkeit. So weiß ich vom kleinen Jonathan zu berichten, der dringend »pullern« musste, aber mit zusammengekniffenen Beinchen vor seinen Eltern stand und nicht zu bewegen war, auf die Toilette zu gehen. Er machte aber auch nicht in die Hose, sondern lief unruhig hin und her, bis zu guter Letzt die Eltern ihn mit Druck auf die Toilette setzen mussten.

Früher Trotz Bei früh trotzenden Kindern wird von Eltern berichtet, wie sich das fröhliche Wickeln des Kindes in eine qualvolle Handlung verwandelte. Die Kinder begannen mit den Füßen nach ihnen zu treten und verweigerten das Berühren. Oftmals sind es Konflikte, die genau dann einsetzen, wenn Notwendigkeiten gefragt sind. Scheinbar spüren die Kinder hier ihre größte Widerstandsmöglichkeit. So sind es Situationen, die Eile, weniger Zuwendung und Unaufmerksamkeit der Eltern beinhalten.

Aus den geschilderten Phänomenen ergibt sich die Frage:
Was bewegt das kleine Kind, sich seinen Eltern gegenüber so zu verhalten?

Warum ist es plötzlich so wenig im Einklang mit sich und seiner Umgebung?

Abgrenzung des frühkindlichen Trotzes von späteren Trotzhandlungen Im Folgenden soll eine Abgrenzung des frühkindlichen Trotzes von Trotzhandlungen helfen, die Lebensphasen des ersten Jahrsiebtes zu differenzieren, was zum Teil andere pädagogische Konsequenzen beinhaltet.

Definition des frühkindlichen Trotzes

Die Psychologin Lilli Kemmler sagt hierzu: »Der Trotz ist immer eine Reaktion des Kindes auf eine Handlung – im weitesten Sinne –, die die Umwelt gegen das Kind richtet. Ein Kind, das nirgends ›anstößt‹,

nirgends Widerstand oder Forderungen spürt, trotzt auch nicht. Diese Trotzreaktion des Kindes, die die Umwelt als Widerstand spürt, erschüttert seine ganze Persönlichkeit und hat dramatischen, affektiven Charakter mit dem Ausdrucksgehalt einer diffusen Ablehnung. Typisch für den Trotz ist die ihm zugehörige Mimik. Der Kontakt zur Umwelt geht verloren, das Kind wird unansprechbar – wenn auch nur für Minutendauer – und für Einwirkungen unzugänglich. Die Reaktion des Kindes ist unangepasst und steht in keinem adäquaten Verhältnis zu den Wünschen, die das Kind eigentlich erfüllt haben möchte.«[5]

Die Autorin grenzt diesen Trotz ab von folgenden Verhaltensweisen:
1. einfacher Ungehorsam
2. Aggression
3. Eigensinn
4. einige Äußerungsformen von Scheu und Hemmung
5. spielerisches Kräftemessen

Um zu einem klaren Verständnis der oben genannten Abgrenzungen zu kommen, möchte ich Kemmlers Definitionen mit hinzunehmen.

Ungehorsam 1. Nach »Häberlein« wird Ungehorsam als das »gewohnheitsmäßige Widerstreben gegen Anordnungen erwachsener Autoritätspersonen« beschrieben. Der einfache Ungehorsam ist eine Unterlassung. Das Kind bleibt einfach bei der Beschäftigung, die es gerade innehat. Es fehlt die dramatische affektive Erregung und der Kontakt zur Umwelt. Dieses in allen Altersstufen vorkommende Nichtfolgenwollen der Kinder sollte man daher nicht, wie es viele Eltern tun, als Trotz bezeichnen.

Aggressivität 2. Die Aggression ist der offene Kampf um das eigene Recht, wenn die eigenen Wünsche vereitelt werden, oder der Angriff gegen die Umwelt, wenn sich das Kind bedroht fühlt.
Im Gegensatz zum Trotz, der durch ein Auf-sich-selbst-zurückgeworfen-Sein charakterisiert wird, drängt die Aggressivität geradezu in den – wenn auch feindlichen – Kontakt mit der Umwelt.

Eigensinn 3. Der Eigensinn zeigt sich durch das Beharren auf einem eigenen Entschluss, auf einem eigenen Plan gegen jeden Einwand und gegen jeden Eingriff. In seinem besten Sinne beinhaltet er eine große Menge an positivem Willenseinsatz. Im Gegensatz dazu verhindert der trotzige Affektausbruch gerade das geradlinige Verfolgen der eigenen Pläne. Das kann soweit gehen, dass das Kind im Trotz sogar die Wiedererlangung von Objekten ablehnt, deren Verlust gerade diese spezifische Trotzszene auslöste – Trotz und Eigensinn werden oft synonym gebraucht.

4. Bei einigen Äußerungsformen von Scheu und Hemmung fällt die Unterscheidung zu den mehr »stillen« Trotzreaktionen nicht leicht. Aber auch die stillen Trotzformen – mit dem sich von den anderen Zurückziehen – tragen noch dramatischeren Charakter. Es fehlt ihnen der ängstliche Unterton. »Das-sich-irgendwo-verbergen-Wollen«, das wir bei Scheu und Hemmung feststellen.

Scheu und Hemmung

5. Ein spielerisches Kräftemessen finden wir häufig bei Vierjährigen oder noch älteren Kindern. Dabei lehnt das Kind, oft mit kräftigem Neinsagen, die Forderungen der Umwelt in dramatischer Weise ab.

Es versucht seine Stärke auszuprobieren. Sobald der Erwachsene eindeutig auf seinen Forderungen besteht, gibt das Kind nach. Das Ganze geschieht in einer Atmosphäre frühkindlicher Rivalität und entbehrt der für den Trotz typischen, schmerzlichen Isolierung der Kinder.

Spielerisches Kräftemessen

Es kommen Mischungen der oben geschilderten Verhaltensweisen mit echtem Trotz vor. Manchmal gehen auch Ungehorsam oder Aggression in Trotz über.

Psychoanalytische und entwicklungspsychologische Ansätze zum Trotzalter

In der Psychologie spricht man beim frühkindlichem Trotz auch von *Negativismus* oder *Autonomiestreben*.[6]

Es gibt jedoch kein klares, von eindeutigen Erklärungen gestütztes und von plausiblen Schlussfolgerungen abgerundetes, wissenschaftliches Bild des Phänomens »kindlicher Trotz« oder »Autonomiephase«.

Sigmund Freuds trieborientiertes Modell

In der psychoanalytischen Forschung Sigmund Freuds findet der Trotz seinen Ort im triebtheoretischen Modell, in der sogenannten Analphase zwischen eineinhalb und drei Jahren. Wenn die Beherrschung der Schließmuskulatur erlernt wird, erleben die Kinder die Lust des Zurückhaltens und Hergebens und damit überhaupt Lust an der Willkür, am Eigenwillen. Störungen dieser Phase können ein Kind dazu prädisponieren, als Erwachsener in Konfliktsituationen auf diese frühe Stufe seiner psychosexuellen Reifung zurückzufallen.

Theodor Lidz: keine zwingende Verknüpfung von Trotz und Analität

Der psychoanalytisch orientierte Forscher Theodor Lidz hat darauf hingewiesen, dass jedoch die Verknüpfung von Trotz und Analität nicht zwingend sei; im bürgerlichen Milieu Freuds, in dem das Sauberkeitstraining früh begann und so auch der Kampf um Topf und Windeln ein wesentliches Feld werden musste, das die Kinder mit ihrem »NEIN« zu beherrschen versuchten, hat sich diese Verknüpfung eher zufällig hergestellt.

So sucht man die psychischen Hintergründe des Trotzverhaltens heute kaum noch in der Analität.

René Spitz: Das Nein als mimische Regression

René Spitz, ebenfalls von der Psychoanalyse herkommend, hat sich bei seinen immer noch viel beachteten Studien an hospitalisierten Kindern differenziert mit der Herkunft des »NEIN« als

Ausdruck von Verweigerung, von Gegenwillen, von Eigenwillen beschäftigt. Er wagte die Hypothese, das »NEIN als Kopfschütteln« könne auf die Geste des Brustsuchens, die jedes Neugeborene schon kennt, zurückzuführen sein. Das NEIN wäre dann eine mimische Regression, das heißt ein unbewusstes Zurückgehen, ein Zurückkehren-Wollen auf eine Stufe konfliktloser Befriedigung im Eins-Sein mit der Mutterbrust, aus übergroßer Angst vor eigenem Wagen, vor dem Sich-Loslösen vom ersten, noch als Teil des Selbst erlebten Objekt.

Der Schweizer Forscher Franz Renggli führt in seiner wissenschaftlichen Arbeit Verhaltensforschung, Psychoanalyse und Ethnologie zusammen. In seinem Buch »Angst und Geborgenheit« untersucht er vergleichend die (Kleinst-)Kinderbehandlung bei Primaten und sogenannten Naturvölkern. Aus seinen Ergebnissen lässt sich für die Frage nach den Ursprüngen des Trotzes und seiner Folgen dies entnehmen: Die Ängste vor dem »Verlassen-Werden« kommen mit jedem Kind auf die Welt. Ob sie sich pathologisch zuspitzen oder in durchlebbaren Entwicklungsphasen langsam an Heftigkeit verlieren – das hängt davon ab, wie Eltern mit ihren Kindern umgehen.

Franz Renggli: Ängste vor dem Verlassenwerden

Die Entwicklungspsychologen Metzger und Kemmler halten das gehäufte Auftreten von Trotzreaktionen im zweiten und dritten Lebensjahr für ein Missverhältnis in der Entwicklung verschiedener Bereiche der kindlichen Persönlichkeit. Auf der einen Seite vollzieht sich von der Mitte des zweiten Lebensjahres an eine Stabilisierung und Differenzierung der kindlichen Bedürfnisse, zugleich beobachtet man ein deutliches Streben nach Selbstständigkeit sowie ein wachsendes Interesse an den Objekten der Außenwelt und damit verbunden auch einen zunehmenden Kenntniserwerb. Auf der anderen Seite aber ist das Kind oftmals noch nicht in der Lage, Forderungen der Umwelt zu verstehen und Begrenzungen seines Verhaltens einsichtig zu erfassen. Es besteht ein starker Spannungsbogen zwischen den Bedürfnissen des Kindes und bestimmten Objekten der Umwelt, die für es Aufforderungscharakter besitzen. Wird dieser Spannungsbogen durch einen Eingriff von außen durchbrochen, so reagiert das Kind mit mehr oder weniger heftigen Affekten.

Entwicklungspsychologie

Spannungsbogen zwischen Bedürfnissen des Kindes und der Umwelt

Trotzverhalten ist daher keine direkte Äußerung des kindlichen Willens, sondern eine nicht notwendige Nebenerscheinung der kindlichen Weltbewältigung.

L.J. Stone und J. Church: konstruktive Aspekte der Autonomie

Die amerikanischen Psychologen L. Joseph Stone und Joseph Church ziehen ein deutliches Resümee, indem sie den Trotz als einen wesentlichen Teil der Entwicklung beschreiben. Er wird, wenn er nicht zu einer ernsten Streitfrage zwischen Eltern und Kind aufgebauscht wird, bald den konstruktiven Aspekten der Autonomie Raum geben. Ein Kleinkind, das zum Forschen und zur eigenen Übung von Fertigkeiten genügend Gelegenheit hat und sowohl durch Hilfe als auch durch Vorschriften Gleichgewicht erfährt, wird mit einem gesunden Bewusstsein seiner eigenen Fähigkeiten und der Bereitschaft, sich den Problemen späterer Altersstufen zuzuwenden, aus dem Kleinkindalter hervorgehen.

J. Ch. Pearce: vom Zorn des Kindes

Der amerikanische Hirnphysiologe und Pädagoge Joseph Chilton Pearce schreibt in seinem Buch »Die magische Welt des Kindes« nicht über den Trotz, sondern vom Zorn des Kindes. Er sagt, dass Zorn ein Zeichen dafür sei, dass der Antrieb des Kindes nicht berücksichtigt wurde. Antrieb hat keine Logik, sondern den Drang, sich zu verwirklichen:

Trieb zur Bindung und Trieb zur Erforschung der Welt

»In seinem unmittelbaren Drang unterdrückt (und das Kind kennt keine Zeit außer jetzt), versucht das Kind, das Hindernis aus dem Weg zu räumen. Dadurch bringt es sich selbst in eine unhaltbare Lage: In seiner Zornreaktion möchte es die Eltern los sein, löst aber damit den Schrecken des Verlassenwerdens selbst aus. In solch einer Klemme zwischen entgegengesetzten Trieben (dem Trieb zur Bindung und dem Trieb für ungehemmte Erforschung der Welt) wird das Kind einem unlösbaren Stress ausgesetzt, der wiederum auf den Zorn zurückwirkt und ihn über den ursprünglichen Anlass weit hinauswachsen lässt.

Das Kind muss daher lernen, dass sein Zorn das Band (zu den Eltern) unter keinen Umständen verletzen kann. Wenn sein Trieb, die Welt zu erkunden, mit der Verantwortung der Eltern für seine körperliche Sicherheit oder mit der Ordnung und dem Wohlergehen der ganzen Familie kollidiert und seine Enttäuschung in Zorn umschlägt, muss es wissen, dass es seine Wut ausleben kann, ohne das Band zu bedrohen.

Das Kind muss wissen, dass es seine spontane Wutreaktion – eine Art Todeswunsch für die Eltern – frei äußern darf, ohne dass dieser Wunsch gleich Wirklichkeit sein wird. Es muss klar sein, dass Mutter nicht verschwindet, wenn man böse mit ihr ist. Sein Zorn ist die explosivste Kraft, die das Kind kennt, vergleichbar nur mit Mutters Zorn. Entscheidend ist zu wissen, dass selbst die Destruktivität der Wut das Band nicht in Frage stellt.«

Spontane Wutreaktion ohne Folgen

Geisteswissenschaftliche Gesichtspunkte

Wiederver-
körperung und
Schicksal

Rudolf Steiner, der Begründer der Anthroposophie, hat sich umfassend mit der Entwicklung des Menschen aus geisteswissenschaftlicher Sicht befasst. Er geht dabei von dem Gedanken der Wiederverkörperung und vom Schicksal des Menschen aus. Das menschliche Dasein beginnt nicht mit der Geburt und endet nicht mit dem Tod, sondern der Geist des Menschen, sein Ich, kehrt, bereichert um die Erfahrungen seines vergangenen Erdenlebens, aus dem Jenseits immer wieder auf die Erde zurück, um neue Erfahrungen zu sammeln und sich weiter zu vervollkommnen. Im Bilde gesprochen hat das Ungeborene im Himmelsgarten seine Früchte ernten und bewahren können (s. auch S. 20), um sie dann durch das Tor mit auf die Erde zu nehmen. Diese Früchte aus der geistigen Welt sind dem Kind Bauherren auf Erden.

Die ersten drei
Lebensjahre

Rudolf Steiner geht in seinem Werk »Die geistige Führung des Menschen und der Menschheit«[7] auf die Entwicklung des Kindes in den ersten drei Lebensjahren ein. Ausgehend von der Frage, in welchem Lebensabschnitt der Mensch eigentlich an sich selbst die für das Dasein wichtigsten Taten vollbringt, wann er am allerweisesten an sich selbst arbeitet, wird gesagt, dass dies in den ersten zwei bis drei Lebensjahren geschieht – bis zu dem Zeitpunkt, an den der Mensch sich in späteren Jahren zurückerinnern kann. Dies ist der Moment, in welchem das Kind gelernt hat, Ich zu sich zu sagen, sich als ein Ich zu fühlen. Bis dahin hat die menschliche Seele aus unterbewussten Seelengründen so weisheitsvoll Großartiges und Gewaltiges an ihm geleistet, wie dies niemals wieder im späteren Leben geschieht. Wenn der Mensch geboren wird, ist zum Beispiel sein

44

physisches Gehirn noch ein sehr unvollkommenes Werkzeug. Des Menschen Seele muss die feineren Gliederungen erst hineinarbeiten, damit er eines Tages seine Fähigkeiten, Anlagen und Eigenschaften im Sinne der Früchte der vergangenen Erdenleben zur Geltung bringen kann.

Entwicklung des Gehens, Sprechens und Denkens

So arbeitet das Kind in den ersten drei Lebensjahren mit seinen Seelenkräften an seiner Leibesgestaltung, bis es sich den aufrechten Gang erworben hat. Es gibt sich selbst seine Gleichgewichtslage im Raum und bringt sich selbst in ein Verhältnis zur Schwerkraft. Beim Menschen ist es (im Gegensatz zum Tier) die Seele, die sich in Beziehung zum Raum setzt und die Schwere des Leibes bezwingt.

Arbeit an der Leibesgestaltung

Das Nächste, was erworben wird, ist die Sprache. Als Wesenheit, die von Verkörperung zu Verkörperung weiterschreitet, setzt sich der Mensch zu seinen Mitmenschen in ein Verhältnis, das ihn zum Träger des geistigen Lebens macht. Würde man allerdings mit einem Kind, das noch nicht sprechen kann, nicht sprechen – sagen wir, es nur unter stummen Eltern aufwachsen lassen –, so würde es die Sprache nicht erlernen. Diese Fähigkeit unterliegt nicht den Vererbungsprinzipien. Sprechen lernt man nur, wenn das Seelenwesen als solches angeregt wird, als etwas, das von Leben zu Leben getragen wird. Nur muss sich der kleine Mensch vor der Zeit seines Ich-Bewusstseins mit Hilfe seiner Seelenkräfte den Keim legen zur Formung seiner Kehlkopfentwicklung, damit der Kehlkopf zu gegebener Zeit zum Sprachvorgang genutzt werden kann und somit das Sprechen möglich wird.

Der Erwerb der Sprache

Als Drittes schafft sich der Mensch das Leben innerhalb der Gedankenwelt. Wie erwähnt, bearbeitet er sein Gehirn nach der Geburt gemäß den Früchten seiner früheren Erdenleben. Zunächst ist es

Die Gedankenwelt

durch die Kräfte geprägt, die von den Eltern, Großeltern usw. vererbt sind. Jetzt aber muss der Mensch seinem Denken hinzufügen, was er als Individuum ist. So arbeitet das kleine Kind also in höchster Weisheit an sich selbst.

Der Mensch »könnte, wenn es auf seine Klugheit ankäme, das nicht vollbringen, was er ohne seine Klugheit in der ersten Lebenszeit vollbringen muss«.[8]

Wie kann es nun zu solch einer Eigenarbeit im Menschen kommen?

Zusammenarbeit mit geistigen Wesenheiten

Die kindliche Aura Das kleine Kind ist in den ersten Lebensjahren noch ganz intensiv mit seiner Seele, mit seiner ganzen Wesenheit an die geistigen Welten der höheren Hierarchien (Engel, Erzengel) angeschlossen. Man kann dies an seinem vielfach noch träumenden Wesen und seinem vermehrten Schlafbedürfnis ablesen. Die »kindliche Aura« umschwebt das Kind in dieser Zeit in wunderbarer menschlich-übermenschlicher Weise. Diese Aura, die vergleichbar sein kann mit dem Heiligenschein auf alten Kunstbildern, ist für den geistigen Seher das sich darbietende Bild der menschlichen Seele. Durch sie hat das Kind seine Fortsetzung in die geistige Welt hinein. Von dem Zeitpunkt an, da es Ich zu sich sagt und sich als ein zusammenhängendes Wesen erlebt, dringt die Aura mehr in sein Inneres. Bis dahin kann der Mensch sich später zurückerinnernd als ein zusammenhängendes Ich empfinden, weil dasjenige, was früher wie ein »Telefonanschluss« an die geistigen Welten angeschlossen war, dann in sein Ich hineingezogen ist. Jetzt setzt sich das Bewusstsein selbst mit der Außenwelt in *Verbindung mit* Verbindung. Vorher war das Kind umgeben von einer Traumwelt, in *der Außenwelt* der die höhere Weisheit wirkte. Diese verdunkelt sich nun für die menschliche Seele zugunsten der Bewusstheit.

Warum wirken nun diese höheren Kräfte nur in den ersten Kindheitsjahren in den Menschen hinein?

Würden die höheren Kräfte in der gleichen Weise weiterwirken, dann müsste der Mensch immer ein Kind bleiben und würde nicht zum vollen Ich-Bewusstsein erwachen. Was vorher außen war, muss nun in seine eigene Wesenheit verlegt werden. Denn der Mensch kann diese unmittelbaren Kräfte der geistigen Welt, die in den ersten Kindheitsjahren an ihm arbeiten, nur solange an sich ertragen, wie er kindlich weich und bildsam ist. Er würde zerbrechen, wenn diese Kräfte, die der Orientierung im Raume, der Formung des Kehlkopfes, des Gehirns und der anderen Organe zugrunde liegen, auch im späteren Lebensalter noch unmittelbar wirksam blieben. Sie sind so gewaltig, dass unser Körper »unter ihrer Heiligkeit dahinsiechen« müsste. Diese im Kindheitsalter am Menschen tätigen Kräfte wahrzunehmen heißt, den Christus im Menschen zu erkennen. Sie wirken in den ersten drei Lebensjahren, ohne dass der Mensch etwas dazutut. Im späteren Leben können sie sich entfalten, wenn er durch innere Versenkung den Christus sucht.

Die im Kindesalter am Menschen tätigen Kräfte

Ziehen sich nun diese göttlich-geistigen Kräfte nach ungefähr zweieinhalb Jahren vom Kind zurück, tritt eine andere Strömung auf, durch die der Mensch innerhalb des ersten siebenjährigen Zeitraumes anfängt, innerlich ein Selbstbewusstsein zu entwickeln. Das rührt nun nicht von den göttlich-geistigen Kräften her, denn diese würden uns viel länger träumen lassen. Es ist vielmehr das Ergebnis von luziferischen Kräften. Sie durchkreuzen mit ihren Impulsen die andere Strömung und bewirken, dass wir uns als ICH erleben und lernen, die Egozentrizität seelisch auszubilden, und dass wir uns zurückerinnern können. Die luziferische Kraft hat das Feuer und das Licht auf die Erde gebracht und hat somit etwas Befeuerndes. Alles, was den Menschen mit Begeisterung für höhere Ziele erfüllt, was ihn beschwingt, über sich hinaus ins Geistige zu streben, ist ihre Wirkung. Was durch Kunst vom Menschen geschaffen wird – Schönheit im Bild und plastischer Gestalt, der Klang edler Musik, die Kraft und Innigkeit des Wortes – sind Gaben Luzifers. Luzifers Geschenk ist die Freiheit. Um dieses Hinzutreten der luziferischen Kräfte im Kind plastischer werden zu lassen, möchte ich abschließend ein recht bildhaftes Zitat von Rudolf Steiner sprechen lassen.[9]

Auftreten einer neuen Kräfteströmung

Gaben Luzifers

»Wenn wir das so recht ins Auge fassen, so können wir uns ein Bild machen von dieser unserer fortlaufenden Entwicklung. Denken Sie sich einmal den eben charakterisierten, luziferischen Einschlag weg und nur das, was die fortschreitenden Wesenheiten aus dem Menschen als ein ruhig dahinfließendes Wasser machen würden. Wir denken uns dieses ruhig dahinfließende Wasser als ein Bild des fortschreitenden Lebensstroms des Menschen unter dem Einfluss der eigentlich guten, göttlichen Wesenheiten. Und jetzt gehen wir an dem Wasser, das so ruhig dahinfließt ein Stück hin, nehmen dann eine blaue oder rote Substanz, gießen sie hinein in das ruhig dahinfließende Wasser und lassen, indem wir eine chemische Flüssigkeit wählen, die sich getrennt halten lässt von dem klaren Wasser, da eine zweite Strömung von einem bestimmten Punkt an neben der ersten Strömung mitfließen. So fließt in unserer richtigen, ruhig-fortschreitenden, wir möchten sagen Jahve-Christus-Strömung, die luziferische Strömung von der Mitte ungefähr unseres ersten sieben-jährigen Zeitraumes in unserem Inneren mit uns fort. Und so lebt Luzifer in uns. Würde dieser Luzifer in uns nicht leben, so würden wir diese zweite Strömung nicht haben. Aber lebten wir nur in der ersten Strömung, dann würden wir eben bis in die Zwanzigerjahre hinein das Bewusstsein haben: Wir sind ein Glied der göttlich-geis-tigen Mächte. – Das Bewusstsein von Selbstständigkeit, von innerer Individualität und Persönlichkeit erlangen wir durch die zweite Strö-mung. So sehen wir zugleich, dass es weisheitsvoll ist, dass diese luziferische Strömung in uns sich hineinergießt.«

Zusammenfassung der Ansätze

In den psychoanalytischen und entwicklungspsychologischen The- *Das Kind im*
orien zum Trotz lassen sich hervorhebend starke Gefühlsaffekte *Spannungsfeld*
betonen. Das Nein des Kindes ist Ausdruck von Verzweiflung, von
Gegen- und Eigenwillen. Das Kind steht in einem Spannungsfeld.
Wird dann von elterlicher Seite durch Ge- und Verbote eingegriffen,
kommt es zu heftigen, emotionalen Ausbrüchen. Das Kind befindet
sich in einem Missverhältnis der Entwicklung der verschiedenen
Bereiche seiner Persönlichkeit. Man kann im zweiten bis dritten
Lebensjahr einerseits eine Stabilisierung und andererseits eine Differenzierung der kindlichen Bedürfnisse beobachten. Das hat wiederum ein starkes Streben nach Selbstständigkeit zur Folge. Doch
kann davon ausgegangen werden, dass die kognitive Entwicklung
oftmals noch kein einsichtiges Erfassen der elterlichen Forderung
– hier die Begrenzungen des Verhaltens – zulässt. Das Zeitgefühl des
Kindes ist noch nicht ausreichend ausgeformt, es lebt stark im Jetzt!
In den psychoanalytischen und entwicklungspsychologischen Ansät- *Trotz als not-*
zen werden weiterhin Aspekte wie unbewusstes Zurückgehen und *wendige Neben-*
Zurückwollen auf eine Stufe konfliktloser Befriedigung und Ängste *erscheinung der*
vor dem Verlassenwerden hervorgehoben. Trotz soll keine direkte *Weltbewältigung*
Äußerung des Willens, sondern eine notwendige Nebenerscheinung
der kindlichen Weltbewältigung sein. Trotz ist ein normaler und so-
gar wesentlicher Teil der kindlichen Entwicklung und gibt bald den
konstruktiven Aspekten der Autonomie Raum. Pearce spricht statt
Trotz von Zorn. Dieser sei ein Zeichen dafür, dass der Antrieb des
Kindes nicht berücksichtigt wurde. Antrieb hat keine Logik, nur den
Drang, sich zu verwirklichen.

Bei allem Zorn und Trotz muss für das Kind die Vertrauensbeziehung zu den Eltern bestehen bleiben, damit es sich sicher fühlen kann.

Der dreigliedrige Mensch

Rudolf Steiner geht in seinen geisteswissenschaftlichen Betrachtungen von dem dreigliedrigen Menschen mit Leib, Seele und Geist sowie von einem vorgeburtlichen und einem nachtodlichen Leben aus. Dieses schließt die wiederholten Erdenleben und den Schicksalsgedanken mit ein.

Bei seiner Geburt bringt das Kind gewissermaßen die Früchte seines vorangegangenen Erdenlebens als einen Baustoff mit in die irdische Welt, um sich sein Haus, seinen physischen Leib, gemäß seines Inkarnationsauftrages, bauen zu können. Den Grundstock des Hauses errichtet es in den ersten drei Lebensjahren. Der Bauherr ist die Seele des Kindes. Der kleine Mensch muss mit seiner Seele an sich arbeiten: an seinem Gehen, Sprechen und Denken. Er stellt sich selbst in den Raum, entwickelt die Form seines Kehlkopfes für seine Sprache und gestaltet sich sein Gehirn seinem früheren Erdenleben gemäß.

Der Mensch ist in den ersten drei Jahren seines Lebens noch mit seinem ganzen Wesen an die geistigen Welten angeschlossen, er hat so etwas wie einen »Telefonanschluss« dorthin. Hier wird eine geistige Gesetzmäßigkeit wirksam, die aber nur drei Jahre andauern darf. Würde der Mensch länger unter der Führung dieser Kräfte, die Rudolf Steiner auch Christus-Strömung nennt, stehen, so müsste er unter ihrer Heiligkeit dahinsiechen.

Das erste bewusste Ich-Sagen

Aus der Welt der geistigen Wesenheiten strömt in den ersten drei Jahren, bevor das Kind die Fähigkeit der normalen Rückerinnerung erlangt hat, noch etwas in seine Aura hinein. Das erste bewusste Ich-Sagen verändert die kindliche Aura. Nun wird die luziferische Strömung wirksam. Sie verhilft dem kleinen Menschen zu einem bewussten Erleben. Das höhere Ich hat sich zurückgezogen. Das Kind lernt, zu sich ICH zu sagen, Egozentrizität auszubilden und sich zu erinnern.

Rudolf Steiner schildert bildhaft die Veränderung des Lebensstromes, des ruhig dahinfließenden Wassers durch den Einfluss der guten, göttlichen Wesenheiten. Gießen wir dann eine blaue oder rote Substanz – die luziferische Strömung – hinzu, so verändert sich dieser Lebensstrom.

Wie können wir Zusammenhänge herstellen?

Geistige Enthüllung

In der Entwicklungspsychologie und der Geisteswissenschaft Rudolf Steiners wird deutlich, dass das kleine Kind im Alter von zwei bis drei Jahren eine Ich-Geburt erlebt. Lilli Kemmler spricht in diesem *Das Kind erlebt* Zusammenhang von einem Missverhältnis in der Entwicklung ver- *eine Ich-Geburt* schiedener Bereiche der kindlichen Persönlichkeit. Rudolf Steiner bezeichnet die Folge der Ich-Geburt als Todesstunde des höheren Ich. Was jetzt zutage tritt, ist das niedere Ich, das den Menschen sein Leben lang begleiten wird. Der Mensch kann sich bis zu diesem Zeitpunkt rückerinnernd als ein zusammenhängendes Ich empfinden, weil die Kräfte, die früher an die geistige Welt angeschlossen waren, dann in sein Ich eingezogen sind. Ich habe im Vorangegangenen die drei Lebensjahre unter dem Aspekt der Enthüllung dargestellt. Kann nicht auch das Zurückziehen der geistigen Wesenheit eine »geistige Enthüllung« bedeuten? Um im Bilde zu bleiben: Die Telefonanschlüsse in die geistige Welt sind gewissermaßen zum Teil stillgelegt. Zum Teil sage ich, weil man im Leben immer wieder Momente spürt, in denen man über sich selbst hinauswächst und so zu Ahnungen von geistigen Kräften kommen kann.

> »Abschied
> vor der Geburt
> Geburt
> Nach dem Abschied.«
> *Rose Ausländer*

Hat das Kind mit dem Erwachen des niederen ICHs nicht seine Hülle, sich mit der Welt eins zu fühlen, verlassen müssen und steht jetzt der Welt ausgegliedert gegenüber? Trotz – ein Schmerzerlebnis ähnlich wie bei der physischen Geburt? Es heißt, dass nun Wille und Trieb bewusster erwachen, das Seelische steht ungeschützter im Dasein. Das Kind muss lernen, sein Seelisches »zu beherrschen«, ähnlich wie es sich nach der Geburt unter geistiger Führung zum Gehen, zum Sprechen und schließlich zum Denken entwickeln konnte. Ich habe den Trotz als Werkzeug bezeichnet, mit dem der neue, unsichere Boden bearbeitet werden muss. Man könnte auch sagen: Das Kind schafft nun weiter an seiner »seelischen Behausung«. Jeder weiß, wie es ist, wenn man nicht das rechte Werkzeug in der Hand hält. So muss das kleine Kind lernen, den Trotz, den »ungelenkten« Willen zu beherrschen und sich in seiner neuen ICH-Behausung sicher zu fühlen.

Welche Hilfen benötigen die Kinder dabei von ihren Eltern?

Hilfen im Trotz

Pädagogische Gesichtspunkte

Das trotzende Kind in seiner ersten Ich-Geburt oder Ich-Phase fordert uns als Eltern auf, »erkennend« zu handeln. Wie beschrieben (S. 23), befindet es sich in den ersten drei Lebensjahren in einem großen leiblichen, seelischen und geistigen Enthüllungsprozess. So muss es in der Begleitung des Kindes darum gehen, Hüllen zu ersetzen oder zu schaffen, sodass es sich geborgen, sicher und angenommen fühlen kann. Eine wesentliche Hülle ist die Wärme, welche wir ihm auf allen drei Ebenen (leiblich, seelisch und geistig) angedeihen lassen können. Leiblich im Sinne von Kleidung, Ernährung, Behausung; seelisch durch eine liebevolle Haltung und freudevolle Atmosphäre und geistig durch weisheitsvolles Denken, was heißt, dass wir mit unseren Gedanken ganz bei der Sache sind und aus men-schenkundlicher Erkenntnis heraus zu handeln bemüht sind. Rudolf Steiner hat für die ersten drei Jahre drei Grundtugenden des Erziehers benannt, die für das ganze erste Jahrsiebt weitergelten:

Leiblicher, seelischer und geistiger Hüllenersatz

»Mit Liebe sollen wir den Vorgang des Gehenlernens begleiten; Wahrhaftigkeit soll das Kind umgeben in der Zeit des Sprechenlernens; Klarheit soll walten in der Umgebung, wenn das Kind das Denken entwickelt.«[10]

Kritische Phasen

Die Geduld wird auf die Probe gestellt

Nun bringt uns gerade das trotzende Kind oft an die Grenzen des liebevollen Handelns. Die Geduld hängt so manchen Tag an einem seidenen Faden, weil Martin oder Lisa ihre Widerstandskraft erproben müssen und nicht das tun, was von ihnen erwartet wird. Die Trotzphase ist der Beginn einer »kritischen Phase«. Ich setze kritisch einmal in Bezug zur »Kritik«. Die Kinder bieten durch das erwachende Ich eine Angriffsfläche, auf der zunehmend mit Geboten und Verboten gekämpft und Kritik geübt wird. Da ich zu diesem Thema häufiger Vorträge vor Eltern gehalten habe, möchte ich einen kleinen Auszug aus der Sammlung von Ge- und Verboten wiedergeben:

Gebote	Verbote
Sitz still	Fass das nicht an
Putz dir die Zähne	Fall nicht ins Wasser
Zieh deine Hausschuhe an	Steig dort nicht rauf
Lass das stehen	Ärgere deine Schwester nicht
Komm her	Kipp das nicht um
Bleib stehen	Kleckere nicht
Iss auf	Trödele doch nicht so
Bleib sitzen	Schrei nicht so laut
Lass mich in Ruhe	Mach dich nicht schmutzig
Sei endlich still	Lauf nicht weg
Nimm den Finger aus der Nase	
Sag schön Guten Tag	
Komm zum Essen	

Aggression in den Geboten

Ein Fazit dieser Aufstellungen war, dass ein Vater scherzhaft sagte: »Sei anders!« Deutlich konnte werden, dass Ge- und Verbote vom Kind vorwiegend als Kritik erlebt werden müssen. Gebote klangen für viele Eltern vorher immer noch etwas positiv, die Sammlung machte den aggressiven Teil darin deutlich.

Bezieht man einmal die vielen Gebote auf sich selbst, meinetwegen durch den ständig nörgelnden Ehemann oder die ständig nörgelnde Ehefrau, dann kann sich in einem das Gefühl des Kindes spiegeln. Man fühlt sich nicht in seinem Wesen gesehen, nicht angenommen, sondern eher herausgefordert, sich zu wehren oder zu verweigern. Nichts anderes tut das trotzende Kind. Es schützt sich durch den Trotz. Henning Köhler nennt das kleine Kind bis zum Trotzalter ein Eindruckswesen, das sich zum Ausdrucksmenschen verwandeln muss, um sein Ich entwickeln zu können.

Schutz durch Trotz

Es hat sich das geistig-seelische Wesen des Kindes mit dem Leib so weit verbunden, dass einerseits eine Einheit entsteht, der jedoch unter Umständen ein seelisch-geistiges Schmerzerlebnis vorangegangen ist oder aber von diesem begleitet wird. Denn diese erste Stufe sich zu verkörpern löst im Kind eben heftige Reaktionen aus – es trotzt! Wogegen trotzt es denn? Es trotzt gegen den Fremdwillen, dem es sich fügen soll – gegen Einflüsse von außen. Das Kind hat sich jetzt so ins Leben gestellt, dass es angreifbar wird. Es hat sich mit seiner Leiblichkeit so verbunden, dass es verletzlich wird. Gemeint ist nicht so sehr eine leibliche Verletzlichkeit, sondern mehr eine seelische. Das Kind ist wie eine kleine Pflanze oder ein junger Baum, der sich vor dem starken Einfluss von außen schützen muss.

Trotz gegen Fremdwillen

Das Neinsagen des trotzenden Kindes bezieht sich auf nichts Bestimmtes, sondern auf den Vorgang, dass da von außen eine Person kommt und etwas will. Henning Köhler sagt hierzu:

»Das Kind signalisiert uns: Hier ist ein Eigenwille in mir erwacht, der bedroht ist, sobald von außen ein starker Willensimpuls auf mich zukommt, und nun muss ich mich schützen. Und in diesem Verhalten zeigt sich eben, wie der Ausdrucksmensch – oder sagen wir: der Mensch auf einer Stufe seiner Entwicklung, wo er beginnen will, sich auf der Ausdrucksseite darzuleben – nun auf der Eindrucksseite sich verschließen muss. Der Mensch als Eindruckswesen geht ein bisschen zurück, schafft sich einen Schutzraum durch die Abwehr, die in diesem Trotz liegt, und das hat den Sinn, dass von innen her nun etwas hervortreten kann, was bedroht ist durch allzu starke Eindrücke, strenggenommen durch Eindrücke überhaupt.«[11]

Der erwachte Eigenwille

Indem das Kind Ausdruckswesen wird, schützt es sich vor zu starken Eindrücken. Ausgangspunkt dieses Kapitels waren die Ge- und Verbote.

Die Kinder dort abholen, wo sie stehen

Heißt es bei Henning Köhler nun, dass sich das kleine Kind erst einmal gegen alle Eindrücke verschließen muss, indem es trotzt, soll hier die Frage gestellt werden, ob es für Eltern die Möglichkeit gibt, ihre Kinder auf eine weniger »eindrucksvolle Weise« anzusprechen – sie dort abzuholen, wo sie stehen. Hat vielleicht sogar das Ausmaß des Ausdrucksverhaltens etwas mit dem Umfang und der Qualität der Eindrücke zu tun?

Ich möchte an dieser Stelle das Aufnehmen von Eindrücken beim Erwachsenen und beim Kind betrachten, um zu einem besseren Verständnis der Konfliktentstehung beizutragen:

Das kleine Kind, von dem wir in der Pädagogik auch als ganz Sinnes- oder Willenswesen sprechen, unterliegt einer Entwicklungsgesetzmäßigkeit, mit der es an die Welt herantritt, und diese steht der Gesetzmäßigkeit des Erwachsenen gegenüber.

Das dem Handeln vorangestellte Denken des Erwachsenen steht dem Erleben im Tun des Kindes hinderlich gegenüber, worin ein Kern vieler Erziehungsprobleme liegt.

Das kleine Kind begegnet einem Eindruck ganz mit seinen Sinnen. Ein Beispiel:

Willensimpuls ohne Reflexion

Es hat einen Korb mit Knetwachs vor sich stehen. Die erste Handlung wäre, das Wachs in die Hand zu nehmen und nur mit dem Willensimpuls zu kneten, ohne darüber fühlend und denkend zu reflektieren. Als Erwachsener würde ich in der Regel vorher überlegen, was ich herstellen möchte, abwägen und dann ins Wollen beziehungsweise ins Tun kommen. So geschieht es mit anderen Eindrücken auch.

Sollen und Nichtsollen

Ich knüpfe noch einmal an die Ge- und Verbote an, denn diese richten sich an den Verstand des Kindes. Es wird damit in seinem Denken angesprochen. Betrachten wir noch den Inhalt der Ge- und Verbote, dann entdecken wir, dass es hier ausschließlich um das Sollen oder Nichtsollen, weniger um das »Wollen« geht. Nun hat Rudolf Steiner gerade in Bezug auf das Sollen gesagt:

»Und das ist gerade beim Kinde in diesen zweieinhalb ersten Lebensjahren von ganz besonderer Bedeutung, dass es nicht für den fremden Willen zugänglich ist, aber dass es ein feines, instinktives Wahrnehmungsvermögen hat für alles das, was in seiner Umgebung vorgeht, insbesondere für das, was in den Personen vorgeht – wozu ja die Erzieher in besonderem Maße gehören –, mit denen es in einem gewissen seelischen Rapport steht. Nicht etwa, dass der äußere Blick schon ganz besonders geschärft wäre, das ist nicht der Fall; nicht das ausgesprochene Sehen macht es aus, sondern ein Gesamtwahrnehmen intimster Art richtet sich nach dem, was in der Außenwelt um das Kind herum vorgeht, und was nicht mit der Absicht vorgeht, dass auf das Kind besonders eingewirkt werden soll. Das Kind wehrt sich ganz unwillkürlich gegen dasjenige, was bewusst auf es einwirken will, besonders in den ersten zweieinhalb Jahren.«[12]

Er spricht an anderer Stelle davon, dass das Kind bis zum fünften Lebensjahr keinen Sinn für das Sollen hat.

Wirken durch »Ich-Hülle«

Was erleben wir nun tagtäglich gerade im Zusammenhang von Aufforderungen mit den Kindern?

Sie stoßen uns gewissermaßen zurück, indem sie sich verweigern. *Sich-Verweigern* Dieses Verweigern kann sehr unterschiedlich aussehen, je nach *durch Willenskraft* Wesen des Kindes (siehe Beispiele Seite 14). Um sich zu wehren, benötigt das kleine Kind Willenskraft, Ausdruckskraft. Mit Beginn der Trotzphase tritt diese Kraft noch ungelenkt nach außen, was sich in Wutausbrüchen wie Treten, Schlagen, Umkippen, auf den Boden Werfen, Schreien usw. äußert. All das sind Äußerungen, die im Grunde nach Hilfe und Führung rufen. Das zart erwachte Ich des Kindes benötigt die »Ich-Hülle« der Eltern, um sich orientieren zu können. Ständige Ermahnungen im Sinne von Ge- und Verboten wirken dieser Hülle entgegen.

Je weniger Ge- und Verbote ich benutze, desto sicherer kann ich sein, dass sich ein gesunder Gehorsam im Kind bildet. Und dieses

benötigt man ja im Alltag und ganz besonders in Ausnahmemomenten, zum Beispiel bei Gefahr. Das Kind muss am Rande des Wassers oder im Straßenverkehr gehorchen, wenn die Mutter ruft: »Bleib stehen!« Tönt der Ruf zum Essen, so sollte es für das Kind selbstverständlich sein, dass es kommt. Ein Übermaß an Ge- und Verboten lässt die Kinder »auf Durchzug schalten«, was letztendlich ein entwicklungsgemäßer Schutz ist. Oftmals beginnt hier der leidvolle Weg einer nicht endenwollenden Trotzphase, die dann nichts mehr mit dem frühkindlichen Trotz zu tun hat, sondern sich zu Trotzhandlungen ausgedehnt hat.

Pädagogische Leitmotive

Erziehungshilfen im Trotz

Für die Erziehung des Kindes im ersten Lebensjahrsiebt stehen vier große Säulen:

Vorbild und Nachahmung
Rhythmus und Wiederholung

Rhythmus und Gewohnheiten

Das kleine Kind in seinem Willenswesen will durch uns als Vorbild so angesprochen werden, dass es ein Nachahmer sein kann. Lebt es so früh wie möglich in einer schaffenden Umgebung, die durch Rhythmus strukturiert ist, können sich gute Gewohnheiten bei ihm ausbilden, die in anderen Situationen des Alltags Maßregelungen überflüssig machen und hüllenbildend sind.

Was können Gewohnheiten sein?
- jeden Tag zur gleichen Zeit aufstehen
- selbstverständlich Zähneputzen
- Hausschuhe anziehen
- täglich wiederkehrende Arbeiten
- Entscheidungen, die verlässlich sind, zum Beispiel mit dem Messer beim Schneiden helfen (nicht heute ja und morgen nein)
- klare Essenszeiten, vielleicht mit Glocke eingeläutet
- wenn gewünscht, zum Beispiel ein Tischspruch, der dann auch täglich gesprochen wird
- Mittagspausen
- besondere Zeiten, wie am Nachmittag ein Buch lesen, gemeinsame Aktivitäten
- Zubettgehrituale
- feste Schlafenszeiten
- feste Zuständigkeiten von Mutter und Vater

Man könnte sicherlich noch manches ergänzen, hier wird jede Familie ihre ganz persönlichen Gewohnheiten haben. Wichtig ist, dass diese durch Rhythmus und Wiederholung entstehen. Sie sind dann ein großer nonverbaler Helfer im Alltag. Sie sprechen sich durch selbstverständliches Tun aus und bieten wenig Diskussionsfläche, sondern zeigen dem Kind »natürliche« Grenzen auf.

Nonverbale Helfer im Alltag

Grenzen in der Erziehung

Wann können wir beginnen, dem Kind Grenzen aufzuzeigen? Ich möchte davon ausgehen, dass ein Kind ein Grundbedürfnis nach Grenzen hat, weil es sich durch das Anstoßen daran empfinden kann. Man denke nur an den strampelnden Säugling, der durch den Windelpuck als körperliche Grenze ruhiger wird, an die Begrenzung durch Wiege, Bett, Himmel, Laufstall und die begrenzende Hand beim Spaziergang oder Gang auf dem Markt.

Ein Grundbedürfnis nach Grenzen ist vorhanden

Kinder wollen ihre Grenzen über das Tun und nicht durch »verbale Akrobatik« aufgezeigt bekommen. Sie wollen am Erwachsenen erleben, dass er innen und außen authentisch ist. Das beginnt schon recht früh. Meine jüngste Tochter wurde mit sechs Monaten beim Stillen immer munterer. Das ging so weit, dass sie mich eines Tages in die Brust biss. Sie erlebte eine natürliche Grenze durch mich: Ich nahm sie prompt von der Brust und sagte »Nein«, ohne viel zu denken. Später sind es dann die Erkundungsreisen durch die Wohnung gewesen, auf denen es viel zu entdecken gab, aber auch Grenzen gesetzt waren (Herd und Ofen). War sie an den Ofen zu nah herangegangen, so habe ich sie mit einem liebevollen »Nein!« ins Ställchen gesetzt. Ähnliche Beispiele könnten vom Essenstisch, beim Wickeln und in anderen Situationen folgen.

Überprüfung der Grenzen auf ihre Haltbarkeit

Bis zum Beginn des dritten Lebensjahres nehmen die Kinder unsere Grenzen noch recht widerstandslos an. Mit dem erwachenden Ich beginnen sie dann zunehmend, diese auf die »Haltbarkeit« hin zu überprüfen. Sie wollen von uns wissen, wie wir reagieren und ob ihr Verhalten eine Konsequenz nach sich zieht. Eine klare, liebevolle Konsequenz, die ein Handeln beinhaltet, kann Balsam für die Kinderseele sein. Wenn meine Tochter auf meinem Arm ist und mich plötzlich in die Schulter beißt, dann ist das nicht witzig, sondern

Konsequentes Handeln

unangemessen und tut mir weh. Das muss sie spüren, also stelle ich sie fest auf den Boden und sage:»Lass das!« Oder die berühmte Abendsituation: »Nein, dieses Brot nicht, das mit Käse soll es sein, nein, so ist es zu groß, kleine Stückchen ...!« Wenn sie kleine Umlenkmanöver und Brücken nicht annehmen kann, muss sie einige Zeit vom Tisch und mit sich allein sein. Die Grenze hilft ihr, wieder bei sich anzukommen, und uns, friedlicher zu essen.

Gefährliche Momente für die Konfliktbewältigung

Bin ich hingegen erschöpft und überreizt, dann bin ich emotional betroffen. Das sind leider die gefährlichen Momente für die Konfliktbewältigung, denn die Kinder spüren dies sofort, und die Situation bekommt eine andere Dramatik. Es kämpfen dann zwei Kinder miteinander: das Dreijährige und mein eigenes, inneres Kind. Hier hilft die Selbsterziehung, auf die ich noch gesondert zu sprechen komme.

Meiner Ansicht nach sollte der Umgang mit Grenzen sparsam, aber deutlich sein. Dazu gehört, dass ich mir als Mutter oder Vater klar darüber werde, wo meine eigene Grenze liegt und welche Grenze ich innerhalb der Gemeinschaft haben möchte, sodass man einer Willkür und Launenhaftigkeit entgegenwirken kann, denn sonst entstehen fatale Situationen für die Kinder.

Sparsam[...] gang mit G[...]

Im ersten Jahrsiebt gesetzte Grenzen sind als Meilensteine in der Erziehung zu sehen und tragen ihre Früchte in der Pubertät. Hat der Jugendliche Grenzen in seiner frühesten Kindheit (leiblich und seelisch) kennen gelernt, sind ihm diese unbewusst Führung und Halt in der kritischen Zeit des Jugendalters.

Alternativen zu Ge- und Verboten

Wie muss die Umgebung des kleinen Kindes beschaffen sein, damit es sein Bedürfnis, nachahmend und schaffend tätig zu sein, befriedigen kann?

In den ersten drei Jahren hält sich das kleine Kind vorwiegend in der Nähe der Eltern auf. Es beobachtet wach und interessiert, was diese tun, und möchte seinem Nachahmungsbedürfnis entsprechend mittun. Ist die Wohnung aufgrund der Einstellung der Eltern so eingerichtet, dass das kleine Kind für sich allein mit Bausteinen, Bilderbuch etc. spielen soll, dann ist der Grundstein für die Konflikte gelegt. Beachtet man aber das Mittunwollen des Kindes und hat den Haushalt darauf eingestellt, dass er nicht voll durchtechnisiert ist, sondern Transparenz für das Kind bietet, so hat man tatsächlich den wertvollsten Helfer neben sich. Meine Kinder haben vom jüngsten Alter an mit einem weniger scharfen Kartoffelschälmesser emsig beim Gemüseschneiden geholfen. Ich habe mir bei den Großmüttern und auf Flohmärkten alte Küchengeräte besorgt. Diese sind ein großer Anreiz zum freudigen Tun geworden und haben uns oftmals aus einem Trotzanfall geholfen oder konnten vorbeugend wirken. Durch meine fleißigen Helfer gab es täglich Salate (Möhren, Rote Beete,

Nachahmungsbedürfnis

Gurke) und Nachspeisen mit Nüssen. Unsere Handmoulinex, die Nussmühle oder der Campingmixer zum Sahneschlagen waren wahre Trotzhelfer! Kleine Handwäsche und erster Abwasch erfüllen die Kinder mit Stolz und sind »tätige«, nicht »kopfige« Eindrücke, durch die Wärme in Leib und Seele entstehen kann.

Überhaupt sind die Kleinen gut umzulenken, indem man sie sich zum Helfer macht. Allerdings darf die benötigte Hilfe nicht zur ständigen Aufgabe werden, denn die wird im Sinne des »Sollens« zurückgewiesen. Die Kinder fühlen sich besonders über eine Identifikationsmöglichkeit angesprochen:

- Kannst du mein Helfer sein?
- Bist du mein Müllmann und bringst den Müll schnell weg?
- Gärtner, die Blumen sind durstig, kannst du ihnen Wasser geben?
- Müller, bitte mahl mir doch das Korn oder die Nüsschen.
- Bäuerin, kannst du den Kaninchen Futter geben?

Man könnte unendlich viele Möglichkeiten finden, um den »nackten Begriff« zu ersetzen und lebensvoll zu benennen. Oftmals hilft den Kindern auch der Reiz einer schwierigen Aufgabe, aus dem Gefühlschaos herauszukommen: »Schaffst du das schon, für mich die Eier zu holen?« Mit einer solchen Frage werden sie sogleich innerlich ein Stückchen größer.

Meinen Kindern stelle ich gern für Aufforderungen wie Anziehen, Ausziehen, Aufräumen eine Sanduhr oder den Küchenwecker hin. Sie entwickeln daran einen gewissen Ehrgeiz, es auch zu schaffen.

Das Bildhafte
im Wesen des Kindes

Das kleine Kind hat mit Beginn der Ich-Entwicklung einen bewussten Schritt in die Welt getan, man kann auch sagen: Es ist nun in der Lage, sich den Verhältnissen gegenüber zu stellen, doch tut es dies in anderer Weise als der Erwachsene oder ein Schulkind. Das kleine Kind schöpft mehr aus dem Wesenhaften seiner unmittelbaren Umgebung, und das nennen wir die Phantasie. Sie lebt mit dem Ende des dritten Lebensjahres auf und gibt dem Kind die Möglichkeit, sich seine Umwelt im wachsenden, schöpferischen Spielen zu erschließen. So ist es in der Lage, den Tisch innerlich umzubilden, dass er ihm Haus ist. Ein Baustein wird zum Hund, ein Tuch zum Wasser, ein Bett zum Flugzeug usw. Die Phantasie und die wahrheitserfüllten Bilder sind Baustoff für seine Seele, während scharf umrissene Begriffe und abstrakte Erklärungen von ihm abprallen und es somit gewissermaßen stärker zum Ausdruckswesen werden lassen.

Was geht in dem Kind vor, wenn es sich so ganz mit Rollen identifizieren und die Umgebung mit einer Art Zauberglas betrachten kann? Zu einem tieferen Verständnis dieser Fähigkeit gelangt man über die Auseinandersetzung mit dem kindlichen Schlafen und Wachen. Hierzu ein Zitat von Ernst-Michael Kranich:

»Man darf sich das Wachen des Kindes in den ersten Lebensjahren aber nicht dem des Schulkindes oder dem des Erwachsenen zu ähnlich vorstellen. Für das Kind ist beim Spielen derselbe Gegenstand einmal ein Haus, ein Schiff usw. Er ist das, was sich das Kind

in seiner Phantasie vorstellt. Die Welt dieser Vorstellungen hat für das Kind eine weit größere Realität als für den Erwachsenen. Für den Erwachsenen geht die Vorstellung gleichsam ganz in die äußere Anschauung über. Beim kleinen Kind hat sie ein eigenes Leben, und dadurch bestimmt sie, was die Gegenstände bedeuten. Hierzu spricht sich etwas Wichtiges über das Wachen des kleinen Kindes aus. Wenn die Seele in inneren Bildern ohne konkrete Berührung mit der Außenwelt lebt, dann befindet sie sich im Traum. Hat sich das Vorstellungsleben ganz an die äußere Realität angepasst, ist sie wach. Das kleine Kind lebt in einem Zwischenzustand. Denn wenn die Gegenstände ihre Bedeutung von dem bekommen, was das Kind sich in seiner Phantasie vorstellt, dann ragt etwas vom Wesen des Traumes in das Tagesbewusstsein hinein.«[13]

Lebensvolle Traumbilder

Wie kommt es nun, dass die Vorstellungswelt des kleinen Kindes diesen traumähnlichen Charakter hat? Träumt die Seele im Schlaf, dann wirken in ihr lebendige schöpferische Kräfte, welche die Bilder entstehen lassen. Diese schöpferische Wirksamkeit lässt eine andere Wirklichkeit entstehen, die mit dem Tagesbewusstsein real nichts zu tun haben muss. Wer kennt es nicht, im Traum zu fliegen oder durch unterirdische Gänge zu gehen oder Menschen zu begegnen, die man zuvor niemals gesehen hat? Die Traumbilder sind so lebensvoll, dass wir sie oft für eine Wirklichkeit halten. Betrachten wir die Phantasievorstellungen des Kindes, mit denen es im Spiel zum Beispiel die Kastanie zur Kartoffel oder den Hocker zum Pferd werden lässt, dann erlebt man, dass das Vorstellungsleben des Kindes noch nicht zum kraftlosen Bild abgeschwächt, sondern von Qualitäten durchdrungen ist, die aus einer höheren Wirklichkeit herrühren.

Heute kennt der Mensch nur den Wachzustand und den Schlaf-
zustand, zwischendurch die Träume. Gehen wir jedoch in eine alte
Zeit der Menschheitsentwicklung zurück, sagen wir 2000 bis 3000
vor Christi, dann war bei den Menschen dieses älteren Zeitalters ein
Zwischenzustand vorhanden, der nicht der Traumzustand von heute
war, sondern ein bildhaftes Wach-Träumen. In diesem Wach-Träumen liefen Bilder ab, wie in unserem Wach-Bewusstsein Gedanken
ablaufen. Diese Bilder waren in gewisser Weise den Traumbildern
von heute ähnlich, aber das, was sie enthalten, wies auf eine übersinnliche Wirklichkeit hin, wie unsere Wahrnehmungen auf eine
physische Wirklichkeit hinweisen. Wir können hieran ersehen, dass
im Grunde genommen unser heutiges Träumen eine übersinnliche
Fähigkeit ist, die uns aus alter Zeit geblieben ist und die in mehr ver-
steckter Weise während unseres Schlafes noch tätig ist und uns in
vielen Fällen in verborgener Art etwas sagen will. Ich denke hier an
eine Art Wahrtraum, der ja prophetischen Charakter hat.[14]

Bildhaftes
Wach-Träumen

Eben aus dieser Quelle schöpft das kleine Kind durch seine Phantasie!

Nun kann man auf weitere Phänomene der kindlichen Wahrnehmung schauen und diese in den Zusammenhang von Schlafen und
Wachen stellen: Nehmen wir zum Beispiel den physiognomischen
Charakter der kindlichen Wahrnehmung. Ein Kind von vier Jahren
sieht ein Fotostativ, das ganz ausgezogen ist und senkrecht dasteht.
Es sagt spontan, das Stativ sei stolz. Steht das Stativ schief, meint
es, dieses sei nun traurig. Oder ein kleiner Junge geht abends mit
dem Vater durch den Garten, sieht die geschlossenen Blüten und
sagt, sie seien müde und würden schlafen.

Weitere
Phänomene der
kindlichen
Wahrnehmung

Das kleine Kind steht den Dingen noch nicht neutral betrachtend
gegenüber, sondern es vollzieht Bewegungen und Veränderungen in
seiner Umgebung innerlich mit und erlebt daran »traurig«, »müde«
oder »stolz«. Das sind Vorgänge im Willen und Fühlen des Kindes.
In seiner Seele lebt ein unbändiger Drang, innerlich nachzuleben,
was es draußen an Gebärden sieht. Darüber kommt es zu einer innerlichen Verbindung mit dem, was es wahrnimmt. Dieses Verhalten
führt zum spontanen Nachahmen.

Nehmen wir die beschriebenen Phänomene der kindlichen Bildhaftigkeit wirklich ernst, dann eröffnet sich uns die Möglichkeit einer wunderbaren pädagogischen Begleitung.

Wenn wir das kleine Kind dort abholen wollen, wo es entwicklungsmäßig steht, dann müssen wir uns also »nur« auf die Stufe der inneren Bilder begeben, uns zu einer neuen Bildhaftigkeit oder We-senhaftigkeit erziehen und die toten Begriffe überwinden. Manchem fällt dies durch eine Wesensaffinität besonders zu, andere Eltern müssen sich gezielt an die Arbeit machen. In diesem Zusammenhang stellte während eines Kursabends einmal eine Mutter überrascht fest: »Uns fehlen die Bilder und den Kindern fehlen die Worte.« Die Bilder oder die Phantasie sind ein wesentlicher Schlüssel im Umgang mit dem Trotz, denn das kleine Kind trotzt oftmals gerade gegen die toten Begriffe

Phantasie als wesentliche Hilfe für den Umgang mit Trotz

und fordert uns zu neuen Wegen heraus. Wenn wir es schaffen, die im kindlichen Trotz schlummernde Kraft für sinnvolles Tätigsein und schöpferische Phantasie zu verwenden, wirken wir den Widerständen entgegen.

Ich möchte noch einen ganz anderen Gesichtspunkt hinzufügen, der die Bedeutung der inneren Bilder verstärken mag. Man spricht im ersten Jahrsiebt, aber auch noch im zweiten von einem Bildhunger der Kinder, weshalb die Geschichten, Märchen, Legenden und Sagen in der Waldorfpädagogik eine so große Rolle spielen. Dieser Bildhunger wird in Form von Comics, Kassetten, Fernsehen und Videos auf fatale Weise gestillt und bietet eine große Gefahr zur Verrohung der Kindheit und Jugend. Nehmen wir als Eltern und Erzieher die-

Bildhunger des Kindes

sen Bildhunger ernst und sättigen unsere Kinder mit vielleicht sogar eigenen Geschichten und bildhaftem Denken, so kann man sicher sein, dass die Samen später aufgehen und Früchte tragen werden und somit eine Prophylaxe zur Drogenproblematik bedeuten. Der zunehmende Drogenkonsum mit seinen synthetischen Bildern lässt unter anderem einen Zusammenhang mit einer nicht genügend sinnvollen und bildgesättigten Kindheit erahnen. Denn Sucht beginnt im Kindesalter.

Prophylaxe zur Drogenproblematik

Praktische Beispiele für bildhaftes Handeln

Jan spielt lebhaft mit seinem Schiffchen, das gerade auf dem Nordostseekanal fährt. Das Mittagessen ist fertig. Mutter ruft: »Jan, kommst du bitte zum Mittagessen?« Jan sieht aus, als höre er gar nicht, was Mutter sagt, und fährt weiter sein Schiffchen. Mutter will gerade noch nachdrücklicher rufen, als ihr die Bildhaftigkeit und das Tun des Kindes einfällt. Sie schaut zu Jan und sagt: »Kapitän, der Koch hat das Essen fertig, du musst ankern.« Jan schaut seine Mutter freudig und dankbar an. Er tutet noch einmal laut und sucht einen Ankerplatz, um dann ohne Aufforderung zum Händewaschen und Essen zu gehen.

Bildhaftigkeit und Tun des Kindes

Jakob hat sich eine Straße gebaut und fährt mit dem Lastauto, vollgeladen mit Kastanien, auf und ab. Nun ist es an der Zeit, dass aufgeräumt werden soll; auch Jakobs Mutter will direkt aufs Aufräumen kommen. »Jakob, hilfst du mir aufräumen?« Sie will als Vorbild dienen und fängt schon an, doch Jakob ist noch ganz in sein Spiel vertieft. Nun versucht sie ihn zu ihrem Helfer zu machen: »Lastwagenfahrer Jakob, ich brauche noch eine Fuhre Kies und dann einen Umzugswagen!« Mehr muss sie nicht sagen, denn schon ist Jakob dabei, das Lastauto Richtung Zimmer zu fahren, und freudig räumen beide gemeinsam auf.

Das Kind wird zum Helfer

Der Hausschuh fängt an zu reden

Maria sitzt schmollend auf der Küchenbank, die Füßchen sind schon kalt, weil sie ihre Hausschuhe nicht anziehen will. Mutter und Maria haben schon kleine Wortgefechte hinter sich. Nun nimmt Maria die Hausschuhe und will sie gerade in die Ecke werfen, da beginnt die Mutter, den Hausschuh reden zu lassen und fühlt sich selbst ganz erleichtert, findet sogar Spaß daran: »Komm herein ins Haus, du kleine Füßchenmaus, und ruh dich bei mir aus!« Maria ist noch ein bisschen unentschlossen, doch dann steckt sie ein Füßchen nach dem anderen erleichtert hinein. Auch die Mutter ist erleichtert, denn es war ihr letzter liebevoller Versuch, sonst hätte sie Maria auf den Schoß genommen und klar und bestimmt gesagt: »So, und jetzt ziehen wir die Hausschuhe an, auch mit Gebrüll!«

Jorinka möchte sich allein anziehen, obwohl es noch ein wenig schwer für sie ist. Der Vater möchte ihr dabei helfen, weil sie so »trödelt«. Schon beim Näherkommen droht ein Trotzanfall, bis ihm der Gedanke kommt, ihr eine Anziehstraße auf den Boden zu legen. Die Anziehstraße bestimmt die Reihenfolge von oben nach unten. Nun darf Jorinka in ihre Kleidungsstücke fahren, was sie nun viel schneller als vorher tut.

Eine »Anziehstraße«

Es ist Abendzeit. Katharina und Florian sollen im Badezimmer Zähne putzen. Sie sind Zwillinge und wollen immer sofort beide gemeinsam bedacht werden, wodurch die Mutter ständig unter Druck gerät und schneller schimpft, als sie möchte. Nach dem Zähneputzen und Waschen fühlt sie sich oftmals total erschöpft. Heute hat sie im Kaufhaus einen fröhlichen grünen Froschhandschuhwaschlappen gekauft. (Anleitung für Froschhandschuh S. 113)

Der Froschwaschlappen hilft

In diesen schlüpft sie hinein und lässt den Frosch sprechen, er hat manches aus seinem Brunnen und von der Prinzessin mit der goldenen Kugel zu erzählen, doch zwischendurch müssen die Zähne geputzt und gewaschen werden. Katharina und Florian sind wie verwandelt, sie lauschen dem Frosch und lassen sich willig fertig machen. Ihre Mutter fühlt sich sogar ein wenig erfrischt durch das Erzählen und stellt fest, dass sie nicht viel mehr Zeit als sonst benötigt hat. Dieses Ritual findet Fortsetzung.

Eva sitzt schreiend und tobend am Tisch, haut mit den Füßen unter den Tisch, schlägt nach der Mutter und ist nicht mehr ansprechbar. Die Mutter ringt verzweifelt nach Hilfe. Plötzlich nimmt sie Eva fest entschlossen auf den Arm, Eva schreit weiter und ist nicht zu beruhigen, bis Evas Mutter die Tür öffnet und zu Eva sagt: »So, jetzt schicken wir das Böckchen schnell nach draußen, es soll uns nicht mehr ärgern, weg – geh weg!« Eva ist auf der Stelle still und fühlt sich wie befreit und erleichtert. Sie muss einmal tief durchatmen und lehnt dann ihr Köpfchen liebevoll an Mutters Schulter.

Der Bock wird verjagt

Sprüchlein statt Ermahnung

In Michaels Familie wird vor dem Essen und vor dem Schlafengehen gebetet. Seine Mutter will ihn nicht gern ermahnen, die Händchen zu falten. Sie freut sich über Sprüchlein, die ihn unaufgefordert das tun lassen, was sie möchte:

»Alle meine Fingerlein wollen zum Beten beisammen sein.«

»Itzen, ditzen, Silberschnitzen. Alle Finger wollen sitzen.«

(Alle Finger berühren sich vom kleinen bis zum Daumen gegenseitig, um zum Schluss gefaltet zu werden.)

Zu kleiner Spielraum

Marcs Mutter kommt auf die Terrasse und blickt auf den Rasen, den Marc in Schlangenlinien mit Sand aus der Sandkiste angefüllt hat. Sie beginnt verärgert auf ihn einzureden, dass er den ganzen Rasen beschmutze. Marc guckt sie verständnislos an und sagt: »Aber, Mami, ich bin doch der Straßenbauer.« Marcs Mutter hält inne und geht nachdenklich in die Küche. Am Abend tauscht sie sich mit ihrem Mann aus, und beide kommen zu dem Schluss, dass Marcs Umfeld zum Spielen auf die Sandkiste begrenzt ist. Sie überlegen, inwieweit sie seinen Aktionsradius vergrößern können. Am nächsten Morgen zeigt die Mutter Marc, bis wohin er Straßenbauer oder Kiesfahrer sein kann. Marc ist stolz und fühlt sich von seinen Eltern verstanden. (Wie schnell hätte es hier zu einer ausgiebigen Trotz-Konfliktsituation kommen können!)

Die Mutter von Johannes und Felix hat sich nach vielen ermüdenden »Tischreden« zum Vorsatz gemacht, ein wenig mehr Freude in das Familienleben zu bringen, um sich daran zu stärken. Die oft streitenden Kinder sind dankbar für diese originellen Hilfen und Angebote. So lässt sie das Besteck in ein lustiges Gespräch miteinander kommen:

Herr Löffel und Frau Gabel
die zankten sich einmal.
Der Löffel sprach zur Gabel:
Frau Gabel halt den Schnabel,
du bist ja bloß aus Stahl!

Frau Gabel sprach zum Löffel:
Ihr seid ein großer Töffel
mit eurem Gesicht aus Zinn,
und wenn ich euch zerkratze
mit meiner Katzentatze,
so ist eure Schönheit hin!

Das Messer lag daneben
und lachte: Gut gegeben!
Der Löffel aber fand:
Mit Herrn und Frau aus Eisen
ist nicht gut Kirschen speisen,
und küsste Frau Gabel galant – die Hand.

Christian Morgenstern

An regnerischen Tagen freuen sich die Kinder besonders auf die Zeit
am Tisch, denn dann gibt es ein Fingerspiel:

Es nieselt	leise mit den Fingerspitzen auf die Tischplatte kommen
es tröpfelt	ein wenig lauter
es regnet	noch schneller
es hagelt	laut mit den Fingernägeln klopfen
es donnert	mit Fäusten auf den Tisch trommeln
es blitzt	mit der flachen Hand auf die Tischplatte schlagen
und alle Finger sind fort.	Hände hinter den Rücken nehmen.

In der Familie von Julia freut sich das Jüngste von fünf Kindern besonders, wenn die Mutter ihm durch Umlenken hilft. Sie hat einen lustigen Spruch von Josef Guggenmos gefunden, bei dem jedes Kind ein Tiergeräusch übernehmen darf, danach kehrt wirklich Stille ein:

Die Bären brummen,
die Bienen summen,
die Katzen miauen,
es krächzen die Pfauen.

Die Mäuse pfeifen,
die Affen keifen,
die Löwen brüllen,
es wiehern die Füllen.

Die Tauben gurren,
die Hunde knurren,
die Störche klappern,
die Kinder plappern

Und ginge das nicht in einem fort,
kämen die Fische auch zu Wort.

Bei besonders heftigen Trotzanfällen nimmt die Mutter Julia auf den Arm und läuft mit ihr durch den Garten; wenn Julia nicht zu sehr außer sich ist, bringt sie das folgende Sprüchlein wieder zu sich:

Der Wächter auf dem Turme
blies in sein Messinghorn.
Da geriet der Stier im Stalle
in fürchterlichen Zorn.

Er jagte durch die Mauer
er stürmte in das Feld,
er rammte über den Haufen
die ganze große Welt.

Josef Guggenmos

Sophias und Lasses Mutter kam an die Grenzen ihrer Geduld und
Phantasie. Die Geschwister (3 und 5 Jahre) hatten ein äußerst kon-
kurrentes Verhältnis, was durch Sophias Trotz noch verstärkt wurde.
Wurde Sophia von Lasse bedrängt, schrie sie in den höchsten Tönen, *Geschwisterstreit*
und die Mutter fuhr schimpfend dazwischen. Ermahnungen hatten
sich »abgeschlissen«, ein Teufelskreis fand seinen Anfang. Da wurde
die Mutter schwer krank, kam endlich einmal zur Ruhe und konnte
so mit Abstand auf die Kinder schauen. Sie kam zu dem Schluss,
dass sie nicht mehr die »Schlichterin und Vermittlerin« sein wollte,
und hatte die Idee, eine Handpuppe zu nähen. Gedacht – getan!
Diese Handpuppe wurde ihr ein treuer Gefährte, mit ihr konnte sie *Die Handpuppe*
die Kinder erreichen, ohne dass sie selbst betroffen war. Besonders *als Helfer*
am Abend schaute sich »das Männlein« die Augen der Kinder an und
bekam von ihnen zu hören, ob es darin geblitzt oder gedonnert hat
oder gar Sonnenschein leuchtete.
   Die Puppe war nicht für die Kinder zum Spielen.[15]

Nicklas Mutter hatte Freude am Geschichtenschreiben. Nicklas stei-
gerte sich während einer Regenwoche zunehmend in seinen Trotz *»Die Geschichte*
hinein. Er verweigerte das Gummistiefelanziehen, warf sich wütend *vom zornigen*
auf den Boden, lief schreiend in sein Zimmer, knallte mit den Türen *Jonas«*
und stand sich selbst im Wege. Seine Mutter suchte nach einer
Möglichkeit, ihm zu begegnen, die ihr ganz entsprechen konnte.
So entstand an einem Abend die »Geschichte vom zornigen Jonas«. Diese fand immer kleine Fortsetzungen. Schließlich kam der
Mutter die Idee, aus der Geschichte ein bewegliches Bilderbuch zu
gestalten. Sie hatte gelesen, dass ein Bilderbuch mit beweglichen
Figuren für die Entwicklung des Kindes einen besonderen Wert habe.
Der Umgang damit schafft eine innere Regsamkeit der Organe, und
die Sprach- und Denkbewegungen wirken prägend auf sein Lebens-
gefühl. Außerdem entspricht das Bewegen der Figuren dem Willens-
bedürfnis des Kindes.[16]
   Nicklas nahm die Geschichten aufmerksam an, und durch die
Anwendung des pädagogischen Handgriffs, »Gleiches mit Gleichen«
anzugehen, konnte die Mutter eine Harmonisierung bewirken.

Spontane Ideen

Es war eigentlich schon ein klein wenig zu spät, als Marias Vater sich zur allabendlichen Badezimmerzeremonie mit seiner gerade dreijährigen Tochter aufraffte. Die Verständigung zwischen ihnen wurde allmählich schwieriger. Maria plapperte ohne Unterlass vor sich hin, und der Vater wiederholte jede Anweisung drei- bis viermal. Dann passierte das Unvermeidliche. Statt die Zahnbürste unter dem Wasserhahn zu befeuchten und dann mit der üblichen Menge erst roter und dann grüner Zahncreme zu bestreichen, hatte er die Reihenfolge umgekehrt. Die Zahnbürste landete im hohen Bogen in der Badewanne und das allseits gefürchtete Sirenengeheul setzte ein. Da Marias Intensität und Ausdauer bei dieser Betätigung kaum zu ertragen sind, blieb dem Vater nur die Flucht nach vorn. Laut brummend versetzte er die erneut ergriffene Zahnbürste in kreisförmige Vibrationen und näherte sich dem deutlich dargebotenen Gebiss. Die augenblicklich einsetzende Stille nutzte er zum Erklären des Schalters für die »elektrische Zahnbürste«. Ein – Aus – Schnellgang. Das Spiel nahm seinen Lauf, als hätte es nie einen Trotzanfall gegeben. Nicht bedacht hatte er bei diesem Einfall den zu zahlenden Preis: Von nun an hatte er wochenlang morgens und abends elektrische Zahnbürste zu spielen.

Das Zähneputzen

Abschließend sei noch eine kleine Geschichte von Jakob Streit aus »Warum Kinder Märchen brauchen« zitiert:

Das einsame Zahnbürstchen

»Mit etwas Humor kann man auch die Geschichte vom vergessenen Zahnbürstchen erzählen, das einsam und traurig in seinem Glase sitzen musste, weil Lieschen es vergaß. Vor Durst werden seine Borsten spröde, doch kann es sein Leid dem Sandmännlein erzählen, das nachts durchs Haus geht. Sandmännlein flüstert nun drei Nächte nacheinander dem Lieschen ins Ohr: ›Putz deine Zähnchen, sonst kriegen sie ein schwarzes Gewändchen!‹ Von da an hat Lieschen das Zähneputzen nicht mehr vergessen.«

Finger- und Füßchenspiele

Aus der Erfahrung für ihre Wirksamkeit seien hier einige weitere
Finger- und Fußspiele angefügt. Sie können ein »Helfer in der Not« *im Vorfeld*
sein oder den bekannten Trotzsituationen des Kindes im Vorfeld die *Spitze nehmen*
Spitze nehmen. Wenn die Eltern es schaffen, den Humor zu ihrem
Partner werden zu lassen, können sie aus diesen kleinen Spielchen
selbst Kraft und Freude schöpfen, die eine gute Grundlage bilden,
um dem Trotz der Kinder zu begegnen.

Das saubere Kind
(kann ein Helfer beim oder vor dem Waschen und Anziehen sein)

Zum Waschen nehme ich den Schwamm,	Bewegung des Waschens
zum Kämmen nehme ich den Kamm,	Bewegung des Kämmens
die Zähne putze ich mir fein,	Bewegung des Zähneputzens
die Fingernägel, die sind rein,	Betrachten der Fingernägel
ziehe frische Kleider auch an,	Die Hände streichen an den Kleidern entlang.
ein sauberes Kind bin ich dann!	Die Hände gestreckt nach unten halten, Handflächen nach vorn.

Elfriede Pausewang

Das Böckchen
Bei meinen Kindern habe ich die Trotzanwandlungen oftmals mit
einem kleinen Böckchen verglichen. Es ist dann zu nahe herange-
kommen, und wir haben es nach draußen geschickt, manchmal
begleitet mit folgendem Fingerspiel:

Zwei Hörner hat das Böckchen	Die zwei gekrümmten Zeigefinger werden an die Stirn gehalten.
und springt lustig im Klee.	Die Füße machen Springbewegungen.
Um den Hals trägt's ein Glöckchen	Eine Hand mit hängenden Fingern unter das Kinn halten.
und es ruft laut: Mäh, mäh!	Die Hände um den Mund halten.
Doch gib Acht, denn das Böckchen kann dich stoßen. Oje!	Der nach vorn gebeugte Kopf macht einen Stoß nach oben.

Elfriede Pausewang

Katrinchen

(Hilft den Kleinen, bei Mahlzeiten aus einer Trotzsituation herauszukommen oder Trotz zu vermeiden. Statt Katrinchen den Namen des Kindes einsetzen.)

Katrinchen hat ein Stühlchen so fest und schön,	Die linke Hand bildet eine geschlossene Faust, die rechte wird senkrecht als Lehne dagegengehalten.
darauf könnt ihr Katrinchen jetzt sitzen sehen.	Der linke Mittelfinger wird hochgestellt.
Katrinchen hat daneben auch einen Tisch	Die linke Faust, Daumen nach innen, senkrecht aufgestellt, die rechte flache Hand als Tischplatte darüber.
mit einer bunten Decke und frisch.	Die rechte flache Hand streicht kreisförmig über die linke Faust.
Darauf da steht ein Teller mit süßem Brei.	Die zusammengelegten Hände bilden eine flache Schale.

Ein kleiner Silberlöffel liegt auch dabei.	Der gestreckte linke Zeigefinger ist der Löffel.
Katrinchen, mein Katrinchen, nun iss doch bloß!	Wie oben 1. und 2. Teil, linker Mittelfinger ist hochgestellt.
Denn glaube mir, Katrinchen, dann wirst du groß!	Hochstrecken beider Arme.

Elfriede Pausewang

Rappele und Zappele

Dieses Füßchen- und Fingerspiel macht den Kleinen viel Freude und bietet hilfreiche Brücken in Konfliktsituationen beim Anziehen. Man muss das Spiel später gar nicht mehr spielen, sondern kann, im Sinne der erwähnten Bildhaftigkeit, die beiden Rappele und Zappele oder Liese und Lene sprechen lassen. Dann heißt es vielleicht nicht »Zieh dich an« oder »Strecke die Arme durch«, sondern »Wer kommt zuerst durch den Tunnel« (Ärmel und Hosenbein), »Rappele oder Zappele« ...

Hilfe beim Anziehen

Rappele und Zappele machen heut' Spirenzchen	Fußspitzen tippen abwechselnd nach vorn und zurück.
Rappele und Zappele didel-dänzchen	Weiter wie oben, eventuell das Tempo steigern.
Rappele ist müd und legt sich bald zur Ruh,	Rechter Fuß geht nach vorn und wieder zurück bei »Ruh«.
Zappele mag auch nicht mehr und legt sich gleich dazu.	Linker Fuß tippt mit der Fußspitze vorne auf der Stelle, bei »dazu« sind beide Füße geschlossen.
Die Liese und die Lene,	Rechter Arm zeigt nach oben, dreht die geöffneten Hände, linker Arm bei Liese ebenso.
die machen sich's bequeme.	Beide Ärmchen kreuzen vor der Brust.

(Verfasser ist mir nicht bekannt)

Erde grüßen
Dieses Spiel bietet eine schöne Ergänzung und Abwechslung zu
Rappele und Zappele.

Ich habe zwei Füße, die Erde zu grüßen.	Rechter Fuß und linker Fuß treten auf – Schlusssprung.
Erst grüßt der Rechte, dann grüßt der Linke,	Rechter Fuß vor, linker Fuß vor.
erst der Schaffige, dann der Flinke.	Rechter Fuß stampft auf, linke Fußspitze tippt.
Mit zwei Füßen will ich die Erde grüßen.	Schlusssprung.
Aber, oh weh, muss der eine verschwinden,	Rechter Fuß vor und zurück.
kann, oh Glück, der andere ihn wiederfinden.	Linker Fuß vor und zurück, beide Füße stehen geschlossen zusammen.
Mit zwei Füßen will ich die Erde grüßen.	Schlusssprung.

(Verfasser unbekannt)

Der Turm
Hier kann die »Kraft« gut in das Blasen gelenkt werden.

Steigt unser Kindchen hoch auf den Turm.	Der linke hochgestellte Unterarm mit senkrecht aufgestellten Fingern ist der Turm. Der rechte Zeige- und Mittelfinger steigen langsam daran hinauf.
Kommt erst ein Windchen, kommt dann ein Sturm,	Blasen stärker Blasen

wirft unser Kindchen –
hei! – runter vom Turm.

Die rechte Hand auf den Tisch
oder in den Schoß fallen lassen.

Elfriede Pausewang

Die Beispiele zeigen, wie sehr es darauf ankommt, das Kind in der rechten Weise anzusprechen. Viele Trotzanfälle und Unarten lassen sich so vermeiden. Kürzlich meldete sich in einem Vortrag eine Mutter zu Wort und sagte: »Ja, aber ich kann doch nicht alles in kleine, nette Geschichten verpacken, irgendwann muss das Kind doch auch mal die Realität sehen und einfach hören!« Ich konnte sie in ihrer Argumentation gut verstehen, denn der Alltag besteht natürlich nicht nur aus Geschichten und Bildern, sondern es gibt Notwendigkeiten, die klare Handlungen erfordern und oft genug Konfliktsituationen nach sich ziehen. Ich möchte kein absolutes Ideal hinstellen, sondern versuchen, dem Entwicklungsstadium und Bedürfnis des Kindes verstehend gerecht zu werden. Das beinhaltet auch, dass Grenzen gezogen werden müssen, bevor man als Eltern an seine Grenzen stößt, aber vor allen Dingen, dass ich authentisch in meinem Handeln bin, was heißen kann: »Ich muss schon selbst Freude am Lernen der Bildhaftigkeit entwickeln!«

Dem Entwicklungsstadium des Kindes verstehend gerecht werden

Ausklingen der Trotzphase

Im Laufe des vierten Lebensjahres hat sich das kleine Ich normalerweise durch die ständigen Widerstände gestärkt und das Seelenwesen des Kindes mehr und mehr gefestigt. Ein deutliches Zeichen gibt uns das Spielen des Kindes. Es wird zunehmend außerhalb des Gesichtsfeldes der Eltern spielen. Das unmittelbare Nachahmungsbedürfnis wird durch das schöpferische, phantasievolle Spielen abgelöst. Die Außenwelt ist ihm zu einer friedvolleren Innenwelt geworden.

Das Ich hat sich gestärkt

Zunehmende
Einsicht

Die Bildhaftigkeit nimmt das Kind jedoch genauso intensiv, wenn nicht durch die wachsende Phantasie sogar noch fruchtbarer auf. Man wird mit dem fünften bis sechsten Lebensjahr aber zunehmend mehr Einsicht und Verstand beim Kind bemerken. Dies hat etwas mit den frei werdenden Vorstellungskräften zu tun, die es dann zum Schulkind werden lassen.

Hierfür mag ein Bild statt weiterer Erklärungen sprechen. Es ist eine Geschichte um einen kleinen Jungen namens Sesé. Er hat einen Baum zum Freund, dem er von Freud und Leid erzählt. Eines Tages besucht er seinen Onkel Edmundo, um etwas Wichtiges mit ihm zu besprechen:

»Grüß Gott, Onkel!«
Er antwortete nicht. Tat als wäre er taub. Zu Hause sagen sie, so macht er es immer, wenn er keine Lust hat, sich zu unterhalten. Bei mir kommt er damit nicht durch. Übrigens war er mir gegenüber nie richtig taub. Ich zupfte ihn am Hemdsärmel und bewunderte wie immer seine schwarz-weiß karierten Hosenträger.

»Ach so, du bist es ...« Er tat, als hätte er mich zuerst nicht gesehen.

»Wie heißt diese Patience, Onkel?«

»Sie heißt: die Uhr.«

»Sie ist hübsch.« Ich kannte die Karten schon alle. Aber die Buben, die mochte ich nicht. Ich weiß nicht, sie sahen so aus, als wären sie die Diener der Könige.

»Hör mal, Onkel, ich bin hergekommen, weil ich was mit dir besprechen muss.« – »Ich bin gleich fertig; wenn ich fertig bin, können wir reden.«

Aber bald darauf mischte er wieder die Karten.

»Ist sie nicht aufgegangen?«

»Nein.« Er legte die Karten zu einem Haufen zusammen und schob diesen beiseite. »Schön, Sesé. Wenn es sich nun aber bei dem, was du mit mir besprechen willst, um Geld dreht«, er tat mit den Fingern so, als ob er Geld zählte, »ich bin blank.« – »Hast du nicht mal einen Zehner für Murmeln?« Er lächelte.

»Einen Zehner? Na, das könnte vielleicht doch sein. Wer weiß?«
Schon wollte er die Hand in die Tasche stecken, aber ich unterbrach
ihn.

»Ich mach doch nur Spaß, Onkel, das ist es ja gar nicht.«

»Was denn?« Ich merkte, dass ihn meine »Altklugheit« belustigte;
seit ich lesen konnte, ohne es gelernt zu haben, hatte sich jenes
Gefühl der Belustigung noch gesteigert.

»Ich möchte was wissen. Es ist mir sehr wichtig. Kannst du singen,
ohne zu singen?«

»Das versteh ich nicht recht.«

»So.« Und ich sang eine Strophe aus dem Kleinen Haus.

»Aber du singst doch wirklich, oder?«

»Das ist es ja gerade. Ich kann das genauso in mir drin tun, ohne
außen zu singen.« Er lachte über den sonderbaren Einfall, wusste
aber noch nicht, worauf ich hinaus wollte.

»Sieh mal, Onkel, als ich ganz klein war, meinte ich, ich habe einen
Vogel in mir drin, und der singt. Es war eben er, der sang.«

»Na ja. Es ist doch wunderbar, dass du solch einen Vogel hast.«

»Du verstehst mich nicht. Es ist nämlich so, dass ich nicht mehr
so richtig an den Vogel glauben kann. Und wenn ich jetzt in mir rede
und sehe?« Nun begriff er und lachte über meine Verwirrung.

»Ich will's dir erklären, Sesé. Weißt du, was das heißt? Es heißt,
dass du größer wirst. Und wenn man heranwächst, dann nennt
man das, wovon du sagst, dass es in dir redet und sieht, den Verstand. Der Verstand bewirkt, wie ich dir einmal gesagt habe, dass
du bald ...«

»Dass ich vernünftig werde?«

»Fein, dass du dich daran erinnerst. Da geschieht dann nämlich
ein Wunder. Der Verstand wächst und wächst und erfüllt unseren
ganzen Kopf und unser Herz. Er ist in unseren Augen und in allem,
was zu unserem Leben gehört.«

»Ich weiß. Und der Vogel?«

»Der Vogel wurde von Gott geschaffen, um den kleinen Kindern
zu helfen, damit sie sich mit allem zurechtfinden. Später, wenn ein
Kind den Vogel nicht mehr braucht, dann schickt es ihn zu Gott zu-

rück. Und Gott schenkt ihn einem anderen Kind, das so klug ist wie du. Ist das nicht schön?« Ich lachte und war glücklich, weil ich nun »Verstand« hatte.

»Ja, fein! Aber jetzt geh ich.«

»Und der Zehner?«

»Heute nicht. Ich hab sehr viel zu tun.« Während ich heimging, dachte ich über alles nach. Mir fiel aber etwas ein, und ich wurde sehr traurig. Totoca hatte mal einen sehr hübschen Kanarienvogel gehabt. Der war so zahm, dass er auf seinen Finger hüpfte, wenn er ihm frisches Futter gab. Die Tür konnte ruhig offen bleiben, er flog nicht weg. Einmal vergaß er ihn draußen in der Sonne. Und die heiße Sonne war sein Tod. Ich dachte an Totoca, wie er ihn in der Hand hielt und weinte und weinte und das tote Vögelchen an sein Gesicht drückte.

Dann sagte er: »Nie, nie wieder will ich einen Vogel fangen.«

Ich war dabei und erklärte: »Ich auch nicht, Totoca.« Ich kam zu Hause an und ging geradenwegs zu Knirps.

»Pützchen, ich bin hergekommen, um was zu tun.«

»Was denn?«

»Warten wir noch ein bisschen?«

»Ja, gewiss.«

Ich setzte mich und lehnte meinen Kopf an seinen dünnen Stamm. »Worauf warten wir denn, Sesé?«

»Bis eine besonders hübsche Wolke am Himmel ist.«

»Weshalb?«

»Ich will meinen kleinen Vogel freilassen. Wirklich. Ich brauche ihn nicht mehr.« Wir schauten zum Himmel hinauf.

»Ist die da recht, Knirps?« Langsam zog die Wolke näher. Sie war sehr groß und sah wie ein ausgeschnittenes weißes Blatt aus.

»Die ist es, Knirps.« Erregt stand ich auf und öffnete mein Hemd. Ich spürte, dass sich etwas aus meiner Brust löste.

»Flieg, mein kleiner Vogel. Flieg weit in die Höhe. Steig auf und setz dich auf Gottes Finger. Gott wird dich einem anderen Kind schenken, und für das sollst du genauso hübsch singen, wie du immer für mich gesungen hast. Lebewohl, mein schöner Vogel!« Ich fühlte eine grenzenlose Leere in mir.

»Schau, Sesé, er hat sich auf den Finger der Wolke gesetzt.«

»Ich hab´s gesehen.« Ich lehnte den Kopf an das Herz meines Orangenbaumes und schaute zu, wie die Wolke fortzog.

»Ich bin nie bös zu ihm gewesen.« Jetzt drehte ich mein Gesicht seinem Ast zu: »Pützchen?«

»Was ist?«

»Findest du es schlimm, wenn ich weine?«

»Weinen ist nie schlimm, du Dummer. Warum denn?«

»Ich weiß nicht, ich hab mich noch nicht dran gewöhnt. Ich glaube, der Käfig in mir drin ist zu leer geworden ...«[17]

Hilfen aus der Nacht

Die Arbeit mit dem Engel

Zu der theoretischen und ganz lebenspraktischen Auseinandersetzung mit dem Trotz des Kindes gehört für mich noch eine weitere Dimension – die geistige oder auch die Nachtseite. Bei aller Sensibilität im Umgang mit dem trotzenden Kind bleibt die Innenseite, das ganz Innerseelische des Kindes, oft als Frage für uns offen. Die wütenden, unkontrollierten Wesen werden uns fremd, und ganz sicher spürt man als Eltern die Not, die sich ja auch im Trotz verbirgt. Mir war es immer wieder eine Hilfe, am Abend mit meinem Mann über die Probleme und Fragestellungen unserer Kinder zu sprechen, und zwar in einer solchen Weise zu sprechen, dass sich meine eigene Betroffenheit und Begrenztheit im Grunde auflösen und das jeweilige Kind freier vor meinem inneren Auge stehen konnte. Henning Köhler hat hierzu eine hilfreiche Übung empfohlen:

Die Frage nach dem Innerseelischen des Kindes

»Vertiefen Sie sich täglich kurz vor dem Einschlafen in das Bild, Ihr Kind sei ein kleiner Vogel, der in panischer Angst in seinem Käfig herum flattert. Das ist die Innenseite des trotzigen, tobenden Verhaltens. Und nun warten Sie ab, welche Lehren es Ihnen erteilt.«[18]

Ich kann mich erinnern, dass ich über dieses und andere Bilder erst einmal an meine eigene Angst und Betroffenheit gekommen bin.

Traurigkeit über die täglichen Unzulänglichkeiten

Endlich konnte ich die Traurigkeit über die täglich wiederkehrenden Unzulänglichkeiten (»no mother is perfect«) spüren und den Tränen freien Lauf lassen. Mit diesem »gereinigten Blick« ist dann einfach eine andere Wahrnehmung möglich, und ich kann das Wesentliche im Kinde besser erkennen, was nicht heißt, dass nun sofort eine Patentlösung bereit steht. Mir und meinem Mann ist in der Erziehung unserer Kinder klar geworden, dass diese allein gar nicht zu schaffen ist. Es gibt zu der Tagseite des Lebens die Nachtseite. In der Nacht wirken andere Kräfte an der Lebensgestaltung mit. Jeder Mensch

Der Mensch im Schlaf

hält sich im Schlaf mit seinem Ich in der geistigen Welt auf. Dabei berührt er seine Schicksalsintentionen, seine ureigenste Inkarnationsabsicht, seinen geistig-moralischen Lebensplan. Um eine Verbindung von der Tag- zur Nachtseite zu schaffen, beten die Menschen, und mit dem Beten nimmt der Mensch Kontakt zu seinem Engel auf, sein Engel gesellt sich zu ihm. Wir können dem Engel unserer Kinder im Schlaf begegnen, wenn wir ihm vor dem Einschlafen etwas entgegenbringen. Dies kann über ein Gebet an den Engel des Kindes stattfinden, kann aber auch durch eine Frage an ihn entstehen. Wenn die Nacht uns wieder in den Tag entlässt, kann ein wirkliches Lauschen dann beim morgendlichen Aufwachen eine Antwort finden. Dies kann

Antwort aus der Nacht

so aussehen, dass man ein plötzliches Verständnis dafür bekommen hat, was das Kind an diesem Tag von einem benötigt, oder dass das Kind einem etwas entgegenbringt, was Klarheit verschafft. Wie kann ein solches Gebet aussehen?

Ich kann natürlich jedes Gebet nehmen, das mir vertraut ist. Es gibt aber auch von Rudolf Steiner geschriebene Fürbitten, die uns dem Engel des Kindes näher bringen.[19]

Im Folgenden seien einige Sprüche und Gebete zitiert:

Geist deiner Seele, wirkender Wächter,
Deine Schwingen mögen bringen
meiner Seele bittende Liebe
Deiner Hut vertrautem Erdenmenschen,
Dass mit deiner Macht geeint,
Meine Bitte helfend strahle
Der Seele, die sie liebend sucht.

Rudolf Steiner

Du Engel,
der dem Schicksal wacht,
weise den Weg
zu dieser Seele,
wie immer er beschaffen sei,
sie rein zu erkennen,
dass göttliche Liebe,
die gnadenreich Menschen gegeben,
ihr entgegen ströme
in Herzenswärme und sie daran
zu ihrem Ursprung sich bilde.

Bernhard Reither

Du bist die Kraft, aus der ich lebe,
gespeist aus Reichen voller Licht;
wo mir's an Klarheit noch gebricht,
führ Du, mein Engel, wach und webe.

Georg Pfarrer

Natürlich ist auch das gemeinsame Beten mit dem Kind am Abend
eine bedeutsame Hilfe, einen harmonischen Übergang vom Tag in
die Nacht zu finden. Durch das gemeinsame Beten treten alle Spannungen des Tages gewissermaßen zurück, und das Kind bekommt ein

Spiel auf der Kinderharfe

Gefühl von Frieden und Vertrauen. Vielleicht spielt man anschließend leise auf der Kinderharfe, denn das Streichen der Kinderharfesaiten wirkt beruhigend und lösend auf die Kinderseele. Die Kinderharfe ist pentatonisch gestimmt in den Tönen d – e – g – a – h – d – e. Man kann sie den Kindern als Botin aus der Himmelswelt vorstellen. Sie erzählt uns von den Engeln, die für das Christkind musizieren. Ein erstes, sanftes Streichen über die Saiten lässt die Kinder lauschend ahnen, wie die Engelsflügel rauschen. Um auf der Kinderharfe zu spielen benötigt man keine Notenkenntnisse. Jede angeschlagene Tonfolge wird wie von selbst zu einem kleinen Lied.

Das Fehlen der Halbtöne verhindert, dass es zu Missklängen kommt, und hält die Melodie in der Schwebe im Gegensatz zur diatonischen Spielweise, die uns mehr auf die Erde herunter holt.

Aus »Gebete für Mütter und Kinder« von Rudolf Steiner seien zwei als Anregung zitiert:

> In dich ströme Licht, das dich ergreifen kann.
> Ich begleite seine Strahlen mit meiner Liebe Wärme.
> Ich denke mit meines Denkens besten Frohgedanken
> An deines Herzens Regungen.
> Sie sollen dich stärken,
> Sie sollen dich tragen,
> Sie sollen dich klären.
> Ich möchte sammeln vor deinen Lebensschritten
> meine Frohgedanken,
> Dass sie sich verbinden deinem Lebenswillen
> und er in Stärke sich finde
> In aller Welt
> Immer mehr
> Durch sich selbst.

(Gebet für Kinder, die noch nicht ICH zu sich sagen)

Vom Kopf bis zum Fuß
bin ich Gottes Bild.
Vom Herzen bis in die Hände
fühl ich Gottes Hauch.
Sprech' ich mit dem Munde,
so folg ich Gottes Willen.
Wenn ich Gott erblick'
überall in Vater und Mutter,
in allen lieben Menschen,
in Tier und Blume
in Baum und Stein –
gibt Furcht mir nichts;
nur Liebe zu allem
was um mich ist.

    Gebet für Kinder ab drei Jahren

Besonders geeignet zum Einschlafen ist das pentatonische Lied »Schutzengel mein«.[20]

Schutz-en-gel mein, hüt mich fein. Tag und Nacht,

früh und spät, bis mei-ne See-le zum

Him-mel ein-geht. (Instrument) Schutz-en-gel mein.
hüt mich fein.

Schlaf, Kindlein, süße

1. Schlaf, Kindlein süße, die Englein lassen dich grüße, sie lassen dich grüßen und lassen dir sagen dass sie dich werden ins Himmelreich tragen. Schlaf, Kindlein schlaf.
2. Schlaf, Kindlein sause, das Kätzchen will ja nicht mause, das Hündlein das will ja nicht Häselein jagen, das müssen wir mal dem Großvater sagen. Schlaf, Kindlein schlaf.

Nun kommt die gute Mutter Nacht

Marianne Garff

Nun kommt die gu - te Mut - ter Nacht, die al - les leis und

dun - kel macht. Sie schließt die Blu - men - kel - che zu und

wiegt den wil - den Wind zur Ruh mit ih - rem sanf - ten

Sang im A - bend - glok - ken - klang. Nun schlaf auch du —,

schlaf auch du. (Instrument oder summen)

Umgang mit dem Trotz auf einen Blick:

- Wenn ein Trotzanfall droht, bewahren Sie Ruhe.
- Achten sie darauf, was Ihr Kind gerade getan hat bzw. tut.
- Kündigen Sie dem Kind Veränderungen rechtzeitig an.
- Seien Sie sparsam mit Ge- und Verboten.
- Geben sie sinnvolle Ge- und Verbote.
- Vermeiden Sie Diskussionen.
- Wenn sie etwas verbieten, bieten sie dem Kind eine sinnvolle Alternative an.
- Bieten sie dem Kind anstelle von abstrakten Forderungen phantasievolle Hilfen an.
- Nutzen Sie den tatkräftigen Willen des Kindes, indem Sie ihn zu Ihrem Helfer werden lassen.
- Achten Sie auf Rhythmus im Alltag, er gibt dem Kind Orientierung und bietet natürliche Grenzen.
- Meiden Sie Konflikte bei Müdigkeit.
- Verbinden Sie sich am Abend im Geiste mit Ihrem Kind.
- Sie können sich an den Engel Ihres Kindes wenden.
- Seien Sie wachsam bezüglich der Ursachen für den Trotz.
- Stellen Sie sich Fragen, wie zum Beispiel:
  »Wie geht es mir?«
  »Bin ich angespannt, überarbeitet?«
  »Sind Konflikte in der Familie?«
  »Fühlen wir uns zufrieden?«
- Schaffen Sie sich Momente der inneren Ruhe.

Die Selbsterziehung

In diesem letzten Abschnitt soll es weniger um die Kinder als vielmehr um uns als Eltern und Erzieher gehen.

Immer wieder habe ich in Seminaren den Wunsch der Eltern nach »Patentrezepten« vernehmen können. Verständlicherweise, denn das wäre die einfachste Lösung. Zeigen uns doch die Kinder oftmals, dass sie gerade durch ihre Herausforderung »Höheres« von uns erwarten – und benötigen! – als seelische Stolpersteine und Erschöpfungen. Aber trotz vieler Erklärungsmodelle, pädagogischer Gesichtspunkte und Anregungen kennt jeder genügend Situationen, in denen einem weder Bildhaftigkeit noch andere pädagogische Geschicklichkeit zur Verfügung stehen, um dem trotzenden Kind zu begegnen. Spätestens, wenn man selbst »tobt« und »weint«, beginnt eine Situation sich zuzuspitzen. Aus eigener Erfahrung weiß ich, wie sehr man an seine Grenzen kommen kann. Es hat Monate gegeben, in denen ich mich verzweifelt in unsere Werkstatt gerettet habe, mit den Fäusten geklopft und mit den Füßen getrampelt habe, um die Ohnmacht und Wut, die in Erschöpfung zutage trat, loszuwerden und sie nicht gegen die Kinder zu richten. Das war in größter Not ein kleines Ventil, aber keine Dauerlösung. Welche Möglichkeiten haben wir als Eltern und Erzieher, dem »Burn-out-Syndrom« (seelisches Ausgebranntsein) entgegenzuwirken?

Keine »Patentrezepte«

Das »Burn-Out-Syndrom«

Schulungsübungen

Lebens- und Seelenstabilität

Rudolf Steiner hat in vielen Vorträgen Angaben zu Schulungswegen gemacht, die den Menschen in seinen Lebenskräften, seiner Seele und seinem Ich stärken können. Es sind Übungen, die durch Geistesgegenwart zu Lebens- und Seelenstabilität verhelfen. Nun hat man gerade als Mutter oder Vater eine hohe Belastung im Alltag mit wenig Pausen, und doch sind es gerade die Zeiten der Stille, die aufbauend und stärkend wirken. Im Übrigen handelt es sich um Übungen, die zum Teil nicht mehr als fünf Minuten Zeit am Tag benötigen.

Das kontrollierte Denken

In dieser ersten Übung soll man auf die Regelung seines Gedankenablaufes achten. Gerade als Mutter erlebt man eine Fülle von Eindrücken und Handlungen, die oft Nervosität zur Folge haben, was wiederum mit chaotischem, stark assoziativem Denken und Handeln verbunden ist.

Gedanken logisch aneinander reihen

Wer einmal die Erfahrung gemacht hat, sich nur fünf Minuten mit zum Beispiel einer Stecknadel gedanklich zu beschäftigen, weiß die Qualität dieser Übungen zu schätzen. Ich habe diese Übungen mit Müttern gemacht. Eine von ihnen fragte, ob sie denn im Folgenden sich vorstellen solle, wie eine Stecknadel hergestellt wird, wie es zur Metallgewinnung komme etc. Ja, diese Art Übung verhilft dazu, Gedanken logisch aneinander zu reihen und sich konzentriert mit einem Gegenstand zu beschäftigen. Genau genommen wächst dabei sogar das Weltinteresse. Statt dieser Stecknadel kann es ein Streichholz, eine Büroklammer, eine Kerze oder ein anderer einfacher Gegenstand sein.

Die Willensinitiative

Dies kann eine Handlung sein, die man sich selbst ausdenkt. Man könnte sich zum Beispiel eine Pflanze kaufen und ihr einen schön gestalteten Platz geben, um sich ihr dann täglich, wenn möglich immer zur gleichen Zeit, zu widmen. Die Handlung soll möglichst nicht zweckgebunden sein, sondern sich von den Alltagsaufgaben abheben. Ich kann auch täglich einen Knopf öffnen und wieder schließen oder meinen Schlüssel vom Schlüsselbund schieben und wieder zurück. Entscheidend bei den Übungen ist die Konzentration im Tun, jede meiner Bewegungen mit Bewusstsein auszuführen und die schlafenden Gewohnheiten zu überwinden. Man wird bemerken, dass sich diese Art des Tuns nach kurzer Zeit positiv auf den Willen auswirkt.

Täglich stattfindende Handlungen

Gleichmut

Diese Übung besteht in der Ausbildung einer größeren Stabilität gegenüber Schwankungen von Lust und Leid, Freude und Schmerz. Das »Himmelhochjauchzend, zu Tode betrübt« soll mit Bewusstsein durch eine gleichmütige Stimmung ersetzt werden. Man könnte sich einen bestimmten Tag in der Woche vornehmen, an dem man Gleichmut übt. Ich habe mir für einzelne Übungen kleine Merkmale in Form von Zetteln an die Pinnwand geheftet, andere Mütter haben sich schön gestaltete »Schulungswochenpläne« an die Wand gehängt, um sich Erinnerungsstützen in Stresssituationen zu schaffen.

Bewusst eine gelassene Stimmung erzeugen

Positivität

Diese Übung ist eine Leibesübung geistiger Art. Schaffen wir uns innere Ruhemomente, in denen wir uns unseren Kindern zuwenden. Sie zeigen immer wieder eine solche Hingabe an die Welt, die wir uns zum Vorbild nehmen können. Zum besseren Verständnis sei noch

Innere Ruhemomente

eine von Goethe angegebene persische Legende über den Jesus Christus erwähnt:

»Der Herr geht mit anderen Personen an einem verwesenden toten Hund vorbei. Während die anderen sich geekelt abwenden, spricht er mit Bewunderung von den schönen Zähnen des Kadavers.«

Das Ungute, das Hässliche, der Irrtum sollen den Menschen nicht abhalten, das Gute, das Schöne und das Wahre ebenso zu suchen. So wie jede Schattenseite auch eine Sonnenseite hat. Diese Übung kann am Bett des Kindes am Abend hilfreich sein.

Unvoreingenommenheit

Es gibt immer wieder im Leben Momente in denen man über einen Menschen oder eine Sache schon eine vorgefasste Meinung hat. *Interesse am anderen Menschen* Beobachtet man einmal die eigene Seelenhaltung dabei, kann man etwas Abschließendes anstelle von Öffnung und Interesse spüren. So kann ich mir zum Beispiel vornehmen, auf einen Menschen ohne feste Vorstellung und Meinung zuzugehen und mich mit Interesse seinem Wesen zu öffnen.

Versöhnlichkeit

Bereits durch das Üben der vorangegangenen Übungen bildet sich ein Gleichgewicht in der Seele aus. Eine »versöhnliche Stimmung« *Duldsamkeit und Toleranz* erwacht nach und nach, die sich in Duldsamkeit und Toleranz gegenüber anderen Menschen ausdrücken kann. Als Übung vermeide man weiterhin alles Überflüssige, Selbstgefällige und die Kritik am Unvollkommenen und Bösen. Vielmehr versuche man diese zu begreifen.

Als Anregung möchte ich eine Stelle aus dem Matthäus-Evangelium anführen:

»Verurteilt nicht, damit das Urteil nicht auf euch zurückfällt. Denn jedes absprechende Urteil, das ihr fällt, trifft euch im Grunde selbst. Mit dem Maß, mit dem ihr messet, werdet auch ihr gemessen werden. Warum siehst du den Splitter in dem Auge deines Bruders und wirst des Balkens im eigenen Auge nicht gewahr? Und wie kannst du zu deinem Bruder sprechen: Komm ich will den Splitter aus deinem Auge ziehen, während du selbst einen Balken in deinem Auge hast? Du Heuchler, schaff zuerst den Balken fort aus deinem Auge, dann magst du darauf bedacht sein, den Splitter aus dem Auge deines Bruders fortzuschaffen.« (Matthäus-Evangelium 7, 1 – 5)

Eine weitere wichtige Kraftquelle, die gewissermaßen Voraussetzung *Rhythmus* für den oben genannten Übungsweg ist, heißt Rhythmus. Hierin liegt *als Stärkung* eine Stärkung für den Alltag. Im Rhythmus liegt Verlässlichkeit für *für den Alltag* Leib, Seele und Geist. Ich möchte dazu ermuntern, sich Zeiten der Stille zu nehmen, die sowohl die Kinder als auch der Ehepartner akzeptieren. Mein »rhythmisches Arbeiten« liegt zum Beispiel am frühen Morgen. Da mein Mann Frühaufsteher ist, hat er mir gern in den frühen Morgenstunden eine halbe Stunde geschenkt, die nur mir gehört. So können in dieser Zeit Meditation, Gebet oder Konzentrationsübungen stärkend und aufbauend auf die Lebensprozesse einwirken.

Den Kindern kann ein Bild helfen wie: »Mutter spricht mit den Engeln.« Vielleicht hat man sich einen »Ruhepunkt« im Zimmer gewählt, *»Stillezeiten«* den die Kinder als einen gewissen heiligen Ort achten. Eine andere Mutter hat in ihren »Stillezeiten« ein Engelsbild an ihrer Tür, sodass die Kinder wissen, dass sie nicht stören dürfen.

Oftmals gibt es im Alltag noch Momente, in denen eine kurze innere Ruhe hilfreich sein kann, um den »Alltagsfaden« wieder aufzunehmen. Ich habe schon gemeinsam mit meiner jüngsten Tochter eine Kerze angezündet, sie auf den Schoß genommen und ein Gebet gesprochen, um uns eine gemeinsame Hilfe zu holen.

Geht gar nichts mehr, so gibt es doch für die meisten Menschen einen intimen Ort – das Bad –, in das man sich zurückziehen und einige Minuten wirkliche Stille üben kann. Ich weiß von einer Mutter, die den Seelenkalender von Rudolf Steiner mit seinen Wochensprüchen im Bad liegen hat und dort die nötige Ruhe findet, darin zu lesen.

Einige Beispiele für Gebet und Meditation mögen Anregungen zum täglichen Gebrauch geben:

Wenn Ruhe der Seelen Wogen glättet
und Geduld im Geiste sich breitet
Zieht der Götter Wort
durch des Menschen Inneres
und webt den Frieden
der Ewigkeiten
in alles Leben des Zeitenlaufs.

Rudolf Steiner

Gottes schützender, segnender Strahl
Erfülle meine wachsende Seele,
Dass sie ergreifen kann
Stärkende Kräfte überall.
Geloben will sie sich,
Der Liebe Macht in sich
Lebensvoll zu erwecken,
Und sehen so Gottes Kraft
Auf ihrem Lebenspfade,
Und wirken in Gottes Sinn
Mit allem, was sie hat.

Rudolf Steiner

Mensch, werde wesentlich,
Denn wenn die Welt vergeht
So fällt der Zufall weg;
Das Wesen, das besteht.

Angelus Silesius

Über allen Gipfeln ist Ruh,
in allen Wipfeln spürest du
kaum einen Hauch.
Die Vöglein schweigen im Walde.
Warte nur balde
ruhest du auch.

Johann Wolfgang v. Goethe

Mysterium

Die Seele der Dinge
lässt mich ahnen
die Eigenheiten
unendlicher Welten

Beklommen
such ich das Antlitz
eines jeden Dinges
und finde in jedem,
ein Mysterium

Geheimnisse reden zu mir
eine lebendige Sprache

Ich höre das Herz des Himmels
pochen
in meinem Herzen.

Rose Ausländer

Gebet an den eigenen Engel

Du mein himmlischer Freund –
mein Engel
Der du mich zur Erde geleitet hast
und mich leiten wirst durch die Todespforte
in die Geistesheimat der Menschenseele,
lasse nicht ab davon mich zu erhellen,
mich zu durchkraften,
mir zu raten,
Dass ich aus dem webenden Schicksalsfeuer
als ein stärkeres Schicksalsgefäß hervorgehe
und mich immer mehr erfüllen lerne
mit dem Sinn der göttlichen
Weltenziele.

Rudolf Steiner

Weine aus die entfesselte Schwere der Angst
zwei Schmetterlinge halten das Gewicht der
Welten für dich
Und ich lege deine Träne in dieses Wort:
»Deine Angst ist ins Leuchten geraten.«

Nelly Sachs

Der Engel in dir

Der Engel in dir
freut sich über dein Licht
wacht über deine Finsternis

Aus seinen Flügeln rauschen Liebesworte
Gedichte, Liebkosungen

Er bewacht
deinen Weg

Lenk deinen Schritt
Engelwärts

Rose Ausländer

Entwicklung eigener Bildhaftigkeit

Anschließend möchte ich mich noch einmal auf den Bereich des bildhaften Denkens beziehen und Anregungen zur Übung geben. Die Märchensprache trägt eine Fülle von Bildern in sich. Über das Lesen und Vertiefen von Märchen kann sich einem diese Bildhaftigkeit *Bilder der* schön erschließen. Vielleicht schaffen Sie sich ein Heft an, in das Sie *Märchensprache* ihre eigenen inneren Bilder schreiben. Ein wacher Blick in die Natur und das Aufsuchen des Wesenhaften in der Umgebung tragen zur Entwicklung der eigenen Phantasie befruchtend bei.

Anhand des Grimmschen Märchens vom »Aschenputtel« möchte ich zum Schluss eine Märchenbetrachtung anfügen, aus der Sie Kraft, Mut und Bilder für sich mitnehmen mögen:

Aschenputtel

Einem reichen Manne, dem wurde seine Frau krank, und als sie fühlte, dass ihr Ende herankam, rief sie ihr einziges Töchterlein zu sich ans Bett und sprach: »Liebes Kind, bleib fromm und gut, so wird dir der liebe Gott immer beistehen, und ich will vom Himmel auf dich herabblicken und will um dich sein.« Darauf tat sie die Augen zu und verschied. Das Mädchen ging jeden Tag hinaus zu dem Grabe der Mutter und weinte und blieb fromm und gut. Als der Winter kam, deckte der Schnee ein weißes Tüchlein auf das Grab, und als die Sonne im Frühjahr es wieder herabgezogen hatte, nahm sich der Mann eine andere Frau.

Die Frau hatte zwei Töchter mit ins Haus gebracht, die schön und weiß von Angesicht waren, aber garstig und schwarz von Herzen. Da ging eine schlimme Zeit für das arme Stiefkind an.

»Soll die dumme Gans bei uns in der Stube sitzen«, sprachen sie, »wer Brot essen will, muss es verdienen: Hinaus mit der Küchenmagd.«

Sie nahmen ihm seine schönen Kleider weg, zogen ihm einen grauen alten Kittel an und gaben ihm hölzerne Schuhe. »Seht einmal die stolze Prinzessin, wie sie geputzt ist!«, riefen sie, lachten und führten es in die Küche. Da musste es vom Morgen bis Abend schwere Arbeit tun, früh vor Tag aufstehen, Wasser tragen, Feuer anmachen, kochen und waschen. Obendrein taten ihm die Schwestern alles ersinnliche Herzeleid an, verspotteten es und schütten ihm die Erbsen und Linsen in die Asche, sodass es sitzen und sie wieder auslesen musste. Abends, wenn es sich müde gearbeitet hatte, kam es in kein Bett, sondern musste sich neben den Herd in die Asche legen. Und weil es darum immer staubig und schmutzig aussah, nannten sie es Aschenputtel.

Es trug sich zu, dass der Vater einmal in die Messe ziehen wollte, da fragte er die beiden Stieftöchter, was er ihnen mitbringen sollte.

»Schöne Kleider«, sagte die eine, »Perlen und Edelsteine«, die zweite.

»Aber du, Aschenputtel«, sprach er, »was willst du haben?«

»Vater, das erste Reis, das Euch auf Eurem Heimweg an den Hut stößt, das brecht für mich ab.«

Er kaufte nun für die beiden Stiefschwestern schöne Kleider, Perlen und Edelsteine, und auf dem Rückweg, als er durch einen grünen Busch ritt, streifte ihn ein Haselreis und stieß ihm den Hut ab. Da brach er das Reis ab und nahm es mit. Als er nach Haus kam, gab er den Stieftöchtern, was sie sich gewünscht hatten, und dem Aschenputtel gab er das Reis von dem Haselbusch. Aschenputtel dankte ihm, ging zu seiner Mutter Grab und pflanzte das Reis darauf und weinte so sehr, dass die Tränen darauf niederfielen und es begossen. Es wuchs aber und ward ein schöner Baum. Aschenputtel ging alle Tage dreimal darunter, weinte und betete, und allemal kam ein weißes Vöglein auf den Baum, und wenn es einen Wunsch aussprach, so warf ihm das Vöglein herab, was es sich gewünscht hatte.

Es begab sich aber, dass der König ein Fest anstellte, das drei Tage dauern sollte und wozu alle schönen Jungfrauen im Lande eingeladen wurden, damit sich sein Sohn eine Braut aussuchen möchte. Die zwei Stiefschwestern, als sie hörten, dass sie auch dabei erscheinen sollten, waren guter Dinge, riefen Aschenputtel und sprachen: »Kämm uns die Haare, bürste uns die Schuhe und mache uns die Schnallen fest, wir gehen zur Hochzeit auf des Königs Schloss.«

Aschenputtel gehorchte, weinte aber, weil es auch gern zum Tanz mitgegangen wäre, und bat die Stiefmutter, sie möchte es ihm erlauben.

»Du Aschenputtel«, sprach sie, »bist voll Staub und Schmutz und willst zur Hochzeit? Du hast keine Kleider und Schuhe und willst tanzen!« Als es aber mit Bitten anhielt, sprach sie endlich: »Da habe ich dir eine Schüssel Linsen in die Asche geschüttet, wenn du die Linsen in zwei Stunden wieder ausgelesen hast, so sollst du mitgehen.«

Das Mädchen ging durch die Hintertüre nach dem Garten und rief: »Ihr zahmen Täubchen, ihr Turbeltäubchen, all ihr Vöglein unter dem Himmel, kommt und helft mir lesen,

die guten ins Töpfchen,
die schlechten ins Kröpfchen.«

Da kamen zum Küchenfenster zwei weiße Täubchen herein und danach die Turbeltäubchen, und endlich schwirrten und schwärmten alle Vögel unter dem Himmel herein und ließen sich um die Asche nieder. Und die Täubchen nickten mit den Köpfchen und fingen an pick, pick, pick, pick, und da fingen die übrigen auch an pick, pick, pick, pick und lasen alle guten Körnlein in die Schüssel. Kaum war eine Stunde herum, so waren sie schon fertig und flogen alle wieder hinaus. Da brachte das Mädchen die Schüssel der Stiefmutter, freute sich und glaubte, es dürfte nun mit auf die Hochzeit gehen. Aber sie sprach: »Nein, Aschenputtel, du hast keine Kleider und kannst nicht tanzen; du wirst nur ausgelacht.«

Als es nun weinte, sprach sie: »Wenn du mir zwei Schüsseln voll Linsen in einer Stunde aus der Asche rein lesen kannst, so sollst du mitgehen«, und dachte: Das kann es ja nimmermehr. Als sie die zwei Schüsseln Linsen in die Asche geschüttet hatte, ging das Mädchen durch die Hintertüre nach dem Garten und rief: »Ihr zahmen Täubchen, ihr Turbeltäubchen, all ihr Vöglein unter dem Himmel, kommt und helft mir lesen,

die guten ins Töpfchen,
die schlechten ins Kröpfchen.«

Da kamen zum Küchenfenster zwei weiße Täubchen herein und danach die Turbeltäubchen, und endlich schwirrten und schwärmten alle Vögel unter dem Himmel herein und ließen sich um die Asche nieder. Und die Täubchen nickten mit den Köpfchen und fingen an pick, pick, pick, pick, und da fingen die übrigen auch an pick, pick, pick, pick und lasen alle guten Körnlein in die Schüsseln. Und eh eine halbe Stunde herum war, waren sie schon fertig und flogen alle wieder hinaus. Da trug das Mädchen die Schüsseln zu der Stiefmutter, freute sich und glaubte, nun dürfte es mit auf die Hochzeit gehen. Aber sie sprach: »Es hilft dir alles nichts: Du kommst nicht mit, denn du hast keine Kleider und kannst nicht tanzen; wir müssten uns deiner schämen.« Darauf kehrte sie ihm den Rücken zu und eilte mit ihren zwei stolzen Töchtern fort.

Als nun niemand mehr daheim war, ging Aschenputtel zu seiner Mutter Grab unter den Haselbaum und rief:

»Bäumchen, rüttel dich und schüttel dich,
wirf Gold und Silber über mich.«

Da warf ihm der Vogel ein golden und silbern Kleid herunter und mit Seide und Silber ausgestickte Pantoffeln. In aller Eile zog es das Kleid an und ging zur Hochzeit. Seine Schwestern aber und die Stiefmutter kannten es nicht und meinten, es müsste eine fremde Königstochter sein, so schön sah es in dem goldenen Kleide aus. An Aschenputtel dachten sie gar nicht und dachten, es säße daheim im Schmutz und suchte die Linsen aus der Asche. Der Königssohn kam ihm entgegen, nahm es bei der Hand und tanzte mit ihm. Er wollte auch mit sonst niemand tanzen, also dass er ihm die Hand nicht losließ, und wenn ein anderer kam, es aufzufordern, sprach er: »Das ist meine Tänzerin.«

Es tanzte, bis es Abend war, da wollte es nach Hause gehen. Der Königssohn aber sprach: »Ich gehe mit und begleite dich«, denn er wollte sehen, wem das schöne Mädchen angehörte. Sie entwischte ihm aber und sprang in das Taubenhaus. Nun wartete der Königssohn, bis der Vater kam, und sagte ihm, das fremde Mädchen wär in das Taubenhaus gesprungen. Der Alte dachte: Sollte es Aschenputtel sein? Und sie mussten ihm Axt und Hacken bringen, damit er das Taubenhaus entzweischlagen konnte: Aber es war niemand darin. Und als sie ins Haus kamen, lag Aschenputtel in seinen schmutzigen Kleidern in der Asche, und ein trübes Öllämpchen brannte im Schornstein; denn Aschenputtel war geschwind aus dem Taubenhaus hinten herabgesprungen und war zu dem Haselbäumchen gelaufen; da hatte es die schönen Kleider abgezogen und aufs Grab gelegt, und der Vogel hatte sie wieder weggenommen, und dann hatte es sich in seinem grauen Kittelchen in die Küche zur Asche gesetzt.

Am andern Tag, als das Fest von Neuem anhub und die Eltern

und Stiefschwestern wieder fort waren, ging Aschenputtel zu dem Haselbaum und sprach:

>»Bäumchen, rüttel dich und schüttel dich,
    wirf Gold und Silber über mich.«

Da warf der Vogel ein noch viel stolzeres Kleid herab als am vorigen Tag. Und als es mit diesem Kleide auf der Hochzeit erschien, erstaunte jedermann über seine Schönheit. Der Königssohn aber hatte gewartet, bis es kam, nahm es gleich bei der Hand und tanzte nur allein mit ihm. Wenn die andern kamen und es aufforderten, sprach er: »Das ist meine Tänzerin.« Als es nun Abend war, wollte es fort, und der Königssohn ging ihm nach und wollte sehen, in welches Haus es ging; aber es sprang ihm fort und in den Garten hinter dem Haus. Darin stand ein schöner großer Baum, an dem die herrlichsten Birnen hingen, es kletterte so behend wie ein Eichhörnchen zwischen die Äste, und der Königssohn wusste nicht, wo es hingekommen war. Er wartete aber, bis der Vater kam, und sprach zu ihm: »Das fremde Mädchen ist mir entwischt, und ich glaube, es ist auf den Birnbaum gesprungen.« Der Vater dachte: Sollte es Aschenputtel sein? – ließ sich die Axt holen und hieb den Baum um, aber es war niemand darauf.

Und als sie in die Küche kamen, lag Aschenputtel da in der Asche wie sonst auch, denn es war auf der anderen Seite vom Baum herabgesprungen, hatte dem Vogel auf dem Haselbäumchen die schönen Kleider wiedergebracht und sein graues Kittelchen angezogen.

Am dritten Tag, als die Eltern und Schwestern fort waren, ging Aschenputtel wieder zu seiner Mutter Grab und sprach zu dem Bäumchen:

>»Bäumchen, rüttel dich und schüttel dich,
    wirf Gold und Silber über mich.«

Nun warf ihm der Vogel ein Kleid herab, das war so prächtig und glänzend, wie es noch keins gehabt hatte, und die Pantoffeln waren ganz golden. Als es in dem Kleid zu der Hochzeit kam, wussten sie alle nicht, was sie vor Verwunderung sagen sollten. Der Königssohn tanzte ganz allein mit ihm, und wenn es einer aufforderte, sprach er: »Das ist meine Tänzerin.«

Als es nun Abend war, wollte Aschenputtel fort, und der Königssohn wollte es begleiten, aber es entsprang ihm so geschwind, dass er nicht folgen konnte. Der Königssohn hatte aber eine List gebraucht und hatte die ganze Treppe mit Pech bestreichen lassen: Da war, als es hinabsprang, der linke Pantoffel des Mädchens hängen geblieben. Der Königssohn hob ihn auf, und er war klein und zierlich und ganz golden. Am nächsten Morgen ging er damit zu dem Mann und sagte zu ihm: »Keine andere soll meine Gemahlin werden als die, an deren Fuß dieser goldene Schuh passt.« Da freuten sich die beiden Schwestern, denn sie hatten schöne Füße.

Die Älteste ging mit dem Schuh in die Kammer und wollte ihn anprobieren, und die Mutter stand dabei. Aber sie konnte mit der großen Zeh nicht hineinkommen, und der Schuh war ihr zu klein. Da reichte ihr die Mutter ein Messer und sprach: »Hau die Zehe ab: Wann du Königin bist, so brauchst du nicht mehr zu Fuß zu gehen.« Das Mädchen hieb die Zehe ab, zwängte den Fuß in den Schuh, verbiss den Schmerz und ging heraus zum Königssohn. Da nahm er sie als seine Braut aufs Pferd und ritt mit ihr fort. Sie mussten aber an dem Grabe vorbei, da saßen die zwei Täubchen auf dem Haselbäumchen und riefen:

> »Rucke di guck, rucke di guck,
> Blut ist im Schuck;
> Der Schuck ist zu klein,
>   die rechte Braut sitzt noch daheim.«

Da blickte er auf ihren Fuß und sah, wie das Blut herausquoll. Er wendete sein Pferd um, brachte die falsche Braut wieder nach Hause und sagte, das wäre nicht die rechte, die andere Schwester sollte den Schuh anziehen. Da ging diese in die Kammer und kam mit dem Zehen glücklich in den Schuh, aber die Ferse war zu groß. Da reichte ihr die Mutter ein Messer und sprach: »Hau ein Stück von der Ferse ab: Wann du Königin bist, brauchst du nicht mehr zu Fuß zu gehen.« Das Mädchen hieb ein Stück von der Ferse ab, zwängte den Fuß in den Schuh, verbiss den Schmerz und ging heraus zum Königssohn.

Da nahm er sie als seine Braut aufs Pferd und ritt mit ihr fort. Sie mussten aber an dem Grabe vorbei, saßen die zwei Täubchen darauf und riefen:

>>Rucke di guck, rucke di guck,
Blut ist im Schuck;
Der Schuck ist zu klein,
die rechte Braut sitzt noch daheim.<<

Er blickte nieder auf ihren Fuß und sah, wie das Blut aus dem Schuh quoll und an den weißen Strümpfen ganz rot heraufgestiegen war. Da wendete er sein Pferd und brachte die falsche Braut wieder nach Haus.

>>Das ist auch nicht die rechte<<, sprach er, >>habt Ihr keine andere Tochter?<<

>>Nein<<, sagte der Mann, >>nur von meiner verstorbenen Frau ist noch ein kleines, verkümmertes Aschenputtel da; das kann unmöglich die Braut sein.<<

Der Königssohn sprach, er sollte es heraufschicken, die Mutter aber antwortete: >>Ach nein, das ist viel zu schmutzig, das darf sich nicht sehen lassen.<< Er wollte es aber durchaus haben, und Aschenputtel musste gerufen werden. Da wusch es sich erst Hände und Angesicht rein, ging dann hin und neigte sich vor dem Königssohn, der ihm den goldenen Schuh reichte. Dann setzte er sich auf einen Schemel, zog den Fuß aus dem schweren Holzschuh und steckte ihn in den Pantoffel, der war wie angegossen. Und als es sich in die Höhe richtete und der König ihm ins Gesicht sah, so erkannte er das schöne Mädchen, das mit ihm getanzt hatte, und rief: >>Das ist die rechte Braut!<<

Die Stiefmutter und die beiden Schwestern erschraken und wurden bleich vor Ärger. Er aber nahm Aschenputtel aufs Pferd und ritt mit ihm fort. Als sie an dem Haselbäumchen vorbeikamen, riefen die zwei weißen Täubchen:

»Rucke di guck, rucke di guck,
kein Blut im Schuck;
der Schuck ist nicht zu klein,
die rechte Braut, die führt er heim.«

Und als sie das gerufen hatten, kamen sie beide herabgeflogen und setzten sich dem Aschenputtel auf die Schultern, eine rechts, die andere links, und blieben da sitzen.

Als die Hochzeit mit dem Königssohn sollte gehalten werden, kamen die falschen Schwestern, wollten sich einschmeicheln und teil an seinem Glück nehmen. Als die Brautleute nun zur Kirche gingen, war die Älteste zur rechten, die Jüngste zur linken Seiten:

Da pickten die Tauben einer jeden das eine Auge aus. Hernach, als sie herausgingen, war die Älteste zur linken und die Jüngste zur rechten: Da pickten die Tauben einer jeden das andere Auge aus. Und waren sie also für ihre Bosheit und Falschheit mit Blindheit auf ihr Lebtag bestraft.

Betrachtungen zum Märchen

Das Märchen beginnt mit dem Tod von Aschenputtels Mutter.
»Einem reichen Manne wurde seine Frau krank, und als sie fühlte, dass ihr Ende kam, rief sie ihr einziges Töchterlein zu sich ans Bett und sprach:
›Mein liebes Kind, bleib fromm und gut, so wird dir der liebe Gott immer beistehen, und ich will vom Himmel auf dich herabblicken und will um dich sein.‹«

Im Märchen erscheint der Mensch als seelisch-geistiges Wesen im Doppelbild des Männlich-Weiblichen: Männlich ist der Geist, dem Denken zugeordnet, forschend und erkennend, weiblich die Seele, voller Hingabe und Innigkeit, stark im Fühlen und mehr im Innern wirkend. *Das Doppelbild des Männlich-Weiblichen*

Das Grab der Mutter oder die Tiefe des Gemütes als Urweisheit ist in die Versunkenheit geraten. Dem reichen Vater ist die Frau gestorben.

Junge Kraft aus alter Seelenweisheit

In dieser Urweisheit lebte einmal die Menschheit! Im Märchen ist sie zu Grabe getragen worden, die Schneedecke zog sich über das Grab der Mutter. Es ist kalt in der Welt geworden. Aber aus dem alten Seelenreichtum ist eine junge Kraft geboren, die heranreifen und Zweifel und Irrtum überwinden lernen muss – Aschenputtel!

Dem Vater ist die wahre Gemahlin gestorben – die spirituelle Seele! Statt ihrer zieht eine andere Frau, die Stiefmutter, auch »steife« Mutter genannt – Sinnbild für die verhärtete, materielle, egoistische Seele – mit ihren beiden Töchtern ins Haus. Alle drei sind der Sinneswelt zugewandt.

Aschenputtels Wunsch an den Vater: »Das erste Reis, das Euch auf Eurem Heimweg an den Hut stößt, das brecht für mich ab« zeigt uns ein intuitives Wissen um die verhärtete Seele. Der Hut scheint dem Vater allzu fest auf dem Kopf zu sitzen. Bekannt sind bildhafte Ausdrücke wie: »Ich nehme es auf meine Kappe.« – »Da geht mir der Hut hoch.« – »Eins auf den Hut kriegen.« – »Alle Achtung – Hut ab!«

Bild unseres Gehirndenkens

Aschenputtels Vater hat sich mit der materialistischen, verhärteten Seele verbunden, er hat sich nach oben hin zugedeckt, so wie Hut und Kappe uns oben abschließen – Bild unseres Gehirndenkens, unserer persönlichen Erkenntnis. Aschenputtel wünscht sich nun vom Vater ein erstes Reis als Symbol für etwas Lebendiges, Keimendes, ja Wachsendes! Der Vater bringt ihm ein Haselreis mit. Warum wohl gerade Haselreis? Um die Hasel herum stehen alte Weisheiten:

Bedeutung der Haselnuss

Haselnüsse haben einen hohen Nährwert, sie stärken Nerven und Lebenskraft. Ein altes Sprichwort sagt: »Sieben Haselnüsse am Tage und man ist nicht unterernährt.« Seit der Antike diente die Frucht der Haselnuss als Nahrungs- und Arzneimittel. Im Volksglauben war der Haselnussstrauch Sinnbild der Lebenskraft und wurde viel für Wünschelruten oder als Mittel gegen Zauberei und Hexerei, Blitzschlag oder Schlangenbiss verwendet. Auch pflanzte man den Haselbusch in alle vier Ecken des Gartens und längs der Zäune, weil er kosmische Kräfte hereinzieht, die der Erde gut tun.

Betrachten wir das Haselreis aus der Sicht des Mystikers, so würde er sagen:

»Es gibt noch eine unschuldige Seelenkraft, die nicht vom Sündenfall der Menschheit ergriffen worden ist. Diese musst Du suchen! *Die Wurzel Jesse* Sie ist durch Jesus Christus im Erdendasein erschienen. Dieser ist das Reis, das aus der Wurzel Jesse entsprang. Es kann in jede Menschenseele eingesenkt werden und in ihr Wurzeln schlagen, bis ein Baum daraus geworden ist.«

Ein solches Haselreis bringt der Vater dem Aschenputtel mit, und sie pflanzt es auf das Grab der Mutter, begießt es mit ihren Tränen, es wächst und wird ein schöner Baum.

»Aschenputtel geht die Tage dreimal darunter, weinte und betete!« *Die mütterliche* Durch den wiederholten Gang zum Grabe bewahrt die Seele Er- *Ursprungswelt* innerung an die mütterliche Ursprungswelt – die Urweisheit – und pflegt Verinnerlichung im Gebet. Hier wird auf ein wichtiges Gesetz von Rhythmus und Wiederholung hingewiesen, denn nicht das einmalige Gebet gibt der Seele genügend Kraft, sondern dreimal am Tage betet Aschenputtel.

Überall, wo im Märchen die Dreizahl genannt wird, soll darauf hingedeutet werden, dass es nicht genügt, die Heilkraft etwa nur mit dem Verstand oder dem ahnenden Gemüt in sich aufzunehmen, sondern das ganze Menschenwesen in Denken – Fühlen – Wollen *Aufruf von* wird aufgerufen, sich mit göttlichen Kräften durchdringen zu lassen. *Denken, Fühlen* Erst die Durchchristung des ganzen Menschen verleiht die höchste *und Wollen* Stärke, ihr wird das Schwert zuteil. Allein mit dieser Kraft bringt Aschenputtel das Bäumchen zum Wachsen und Reifen.

Es wird belohnt mit Gold und Silber!

Verleihe mir geistige Aktivität und seelische Hingabe!

Solange Aschenputtel dieses Bäumchen noch nicht gepflanzt hatte, stand es den Angriffen der bösen Stiefschwestern hilflos gegenüber. Es übte Geduld im Leiden. Nun »wächst« seine Kraft, die das Böse besiegen wird.

Nehmen wir diese Symbole des Märchens als eine Möglichkeit in *Hilfe zur* uns auf, um Selbsterziehung in heutiger Zeit zu üben, und machen *Selbsterziehung* wir uns diese tiefsinnige Bildsprache zu eigen, dann können wir als Eltern aus diesen Weisheiten die Frage mitnehmen:

Wie fest sitzt uns im Alltag der Hut auf dem Kopf?

Wie verstrickt sind wir in all unsere Aufgaben vom Einkaufen, Putzen, Waschen bis zu den Konflikten mit den kleinen oder den pubertierenden Kindern, eventuell Kollegienkonflikten und den eigenen Bedürfnissen?

Wie erleben wir unsere »Alltagsseele«, wie unsere »spirituelle« Seele? Hält uns vielleicht sogar jener Seelenteil, der Egoismus, Sorge und Engstirnigkeit, der Neid, Zorn und Ehrgeiz in uns hineinlässt, von unseren Liebeskräften und Lebenskräften ab und droht uns innerlich zu verhärten?

Das Gesetz von Rhythmus und Wiederholung
Aschenputtel weist auf einen Schulungsweg – auf die Selbsterziehung hin! Diese steht in Vordergrund. Im Märchen werden wir noch einmal deutlich auf das Gesetz von »Rhythmus und Wiederholung« hingewiesen, denn durch das dreimalige Beten, die Hinwendung zum Christus, wächst Aschenputtels Lebenskraft und dadurch kann es die Leiden und Herausforderungen, die ja zum Leben hinzugehören, in Demut und Liebe ertragen. Ja, es wird geläutert, seine Seelenkleider beginnen mehr und mehr zu leuchten.

Neuer Mut durch innere Sammlung
Finden wir als Eltern immer wieder einen Ort der Stille wie beim »Grab der Mutter«, wo die Erinnerung an die Quellen mütterlicher Urweisheit und Lebenskraft uns neuen Mut, sicheren Halt zufließen lassen, so können wir den täglichen Herausforderungen gestärkt entgegentreten. Die bereits erwähnten Nebenübungen, der Tagesrückblick, Gebet und Meditation können Möglichkeiten des konzentrierten, geistigen Arbeitens bieten. Wichtig scheint mir hierbei, sich seinen persönlichen Rhythmus zu schaffen. Mit der daraus wachsenden Kraft, ich könnte auch sagen, dem Christusbeistand, können wir Geistesgegenwart üben, werden wir geistesgegenwärtiger sein gegenüber den Angriffen und Herausforderungen des Lebens. Sicher darf man anfänglich nicht gleich einen Baum erwarten. Gerade als junge Eltern mit neuem Aufgabenfeld gilt es, die kleinen Wachstumsschritte wahrzunehmen und sich an ihnen zu freuen, im Sinne von

Positivität sich selbst zu loben und nicht den Mangel, die Schwächen in den Vordergrund zu stellen. Auch der Baum hat seine Wachstumsphasen im Keimen, Sprießen, Blühen, Reifen und Früchtetragen. So wie Aschenputtel dreimal die Seelenkleider erneuert bekam bis zur königlichen Hochzeit, müssen auch wir unser Elternsein als einen Wachstums- und Reifungsprozess sehen.[21]

Freude an kleinen Wachstumsschritten

Schlusswort[22]

Wächst ein Kind mit Kritik auf
lernt es, zu verurteilen

Wächst ein Kind mit Hass auf
lernt es, zu kämpfen

Wächst ein Kind mit Spott auf
lernt es, scheu zu sein

Wächst ein Kind mit Schmach auf
lernt es, sich schuldig zu fühlen

Wächst ein Kind mit Toleranz auf
lernt es, geduldig zu sein

Wächst ein Kind mit Ermutigung auf
lernt es, selbstsicher zu sein

Wächst ein Kind mit Lob auf
lernt es, dankbar zu sein

Wächst ein Kind mit Aufrichtigkeit auf
lernt es, gerecht zu sein

Wächst ein Kind mit Sicherheit auf
lernt es, zuversichtlich zu sein

Wächst ein Kind mit Anerkennung auf
lernt es, sich selbst zu schätzen

Wächst ein Kind mit Güte und Freundlichkeit auf
lernt es, die Welt zu lieben

Arbeitsanleitung Froschhandschuh

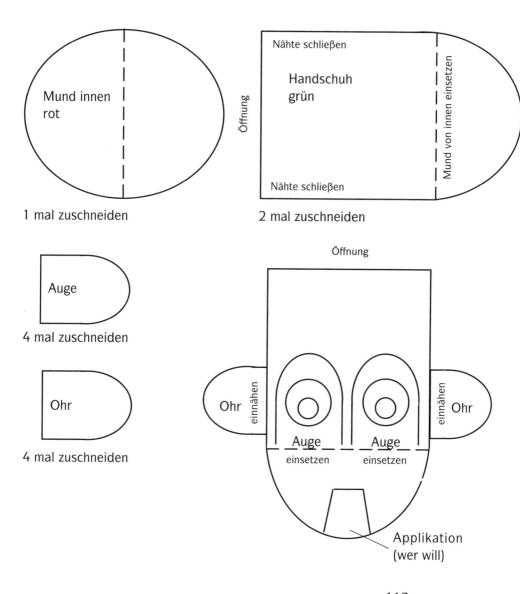

Anmerkungen

1 Frei nach: Hilde Herklotz, Die Erdenreise des kleinen Engels, Stuttgart, 10. Aufl. 1994.

2 Werner Hassauer, Die Geburt der Individualität, Stuttgart, 3. Aufl. 1995.

3 Rudolf Steiner, Allgemeine Menschenkunde als Grundlage der Pädagogik, GA 293, Dornach, 9. Aufl. 1992.

4 Rudolf Steiner, Die Erziehung des Kindes vom Gesichtspunkt der Geisteswissenschaften, Dornach, 7. Aufl. 1988.

5 Aus: Lilli Kemmler, Untersuchungen über den frühkindlichen Trotz, 1956.

6 Siehe zu diesem Kapitel das Literaturverzeichnis.

7 Aus: Rudolf Steiner, Die geistige Führung des Menschen und der Menschheit, GA 15, Dornach, 9. Aufl. 1974.

8 Rudolf Steiner, Die geistige Führung des Menschen, a.a.O.

9 Aus: Rudolf Steiner, Die Welt des Geistes und ihr Hereinragen in das physische Dasein, GA 150, Vortrag vom 14. März 1913, Dornach, 2. Aufl. 1980.

10 Aus: Rudolf Steiner, Gegenwärtiges Geistesleben und Erziehung, GA 307, 6. Vortrag, 10. August 1923, Dornach, 4. Aufl. 1973.

11 Henning Köhler, Der Mensch im Spannungsfeld von Selbstgestaltung und Anpassung. Gesundheitspflege initiativ, Band 5, 1995 Arbeitskreis Gesundheitspflege Esslingen.

12 Aus: Die gesunde Entwicklung des Leiblichen und Physischen als Grundlage der freien Entfaltung des Seelisch-Geistigen, 9. Vortrag, GA 303, Dornach, 3. Aufl. 1978.

13 Aus einem Vortrag: Veränderungen von Wachen und Schlafen im Kindes und Jugendalter.

14 Rudolf Steiner, Studienmaterial aus dem Gesamtwerk »Über den Traum«, Dornach 1997.

15 Anleitung für Handpuppen aus: »Puppenspiel«, Arbeitsmaterial aus den Waldorfkindergärten, Heft 7, Stuttgart, 3. Aufl. 1991.

16 Bilderbücher mit beweglichen Figuren, Werkbücher für Kinder, Eltern und Erzieher, Heft 3, Stuttgart, 5. Aufl. 1994.

17 Aus José Vasconcelos, Wenn ich einmal groß bin.

18 Henning Köhler, Von ängstlichen, traurigen und unruhigen Kindern, Stuttgart, 3. Auflage 1995.

19 Rudolf Steiner, Gebete für Mütter und Kinder, Dornach, 5. Aufl. 1980. Siehe dazu auch Hans-Werner Schroeder, Mensch und Engel, Stuttgart, 3. Aufl. 1997; Brigitte Barz, Mit Kindern beten, Stuttgart 1996.

20 Alle Lieder aus: »Das Brünnlein singt und saget« von Alois Künstler.

21 Symbolik entnommen aus: Rudolf Meyer, Die Weisheit der deutschen Volksmärchen, Stuttgart, 8. Aufl. 1981, und Friedel Lenz, Die Bildsprache der Märchen, Stuttgart, 8. Aufl. 1997. Siehe hierzu auch Rudolf Geiger, Märchenkunde, Stuttgart, 4. Aufl. 1998.

22 Hängt als Wandtafel in der Kinderabteilung der Filderklinik in Stuttgart.

Literaturhinweise

Ausländer, Rose, Materialien zu Leben und Werk, Fischer TB, 1997.

Baumann, Adolf, ABC der Anthroposophie, 1986 Hallwag AG, Bern.

Bilderbücher mit beweglichen Figuren, Heft 3, Werkbücher für Kinder, Eltern und Erzieher, Stuttgart, 4. Aufl. 1988.

Davy, Gudrun und Voors, Bows, Familienleben. Selbstverwirklichung und Partnerschaft in der täglichen Praxis, Stuttgart, 2. Aufl. 1986.

Glöckler Michaela, Elternsprechstunde, Stuttgart, 3. Aufl. 1989.

Hassauer, Werner, Die Geburt der Individualität, Stuttgart, 2. Aufl. 1988.

Herklotz, Hilde, Die Erdenreise des kleinen Engels. Bilderbuch, Stuttgart, 10. Aufl. 1994.

Kemmler, Lilli, Untersuchung über den frühkindlichen Trotz (1956), aus: »Psychologische Forschung«, 25. Band, 1955 – 59. Zeitschrift für Psychologie und ihre Grenzwissenschaften.

Köhler, Henning, Der Mensch im Spannungsfeld zwischen Selbstgestaltung und Anpassung, Gesundheitspflege initiativ, Band 5, 1995 Arbeitskreis Gesundheitspflege Esslingen.

Köhler, Henning, Von ängstlichen, traurigen und unruhigen Kindern, Stuttgart, 3. Aufl. 1995.

König, Karl, Die ersten drei Jahre des Kindes, 24. – 26. Tausend, Stuttgart, 9. Aufl. 1994.

Kranich, Ernst Michael u.a., Der Rhythmus vom Schlafen und Wachen, Stuttgart, 3. Aufl. 1992.

Künstler, Alois, Das Brünnlein singt und saget, Edition Bingenheim/Hess., 10. Aufl. 1994.

Walther Bühler, Dorothea Rapp, Lach Dich gesund! Die Heilkraft des Humors, Verein Soziale Hygiene, Merkblatt 137.

Lenz, Friedel, Bildsprache der Märchen, Stuttgart, 8. Aufl. 1997.

Lievegoed, Bernhard, Entwicklungsphasen des Kindes, Stuttgart 1982.

Lidz, Theodore, Das menschliche Leben, Frankfurt 1974.

Meyer, Rudolf, Die Weisheit der deutschen Volksmärchen, Stuttgart, 8. Aufl. 1981.

Nickel, Horst, Entwicklungspsychologie des Kindes- und Jugendalters, Band I, Bern 1979.

Pausewang, Elfriede, Die Unzertrennlichen. Neue Fingerspiele, 3. Teil, München, 11. Aufl. 1990.

Plattner, Elisabeth, Die ersten Lebensjahre, Stuttgart, 4. Aufl. der Neuausgabe. Pearce, Josef Chilton, Die magische Welt des Kindes, Düsseldorf 1978.

Puppenspiel, Heft 7, Arbeitsmaterial aus den Waldorfkindergärten, Stuttgart, 3. Aufl. 1991.

Renggli, Franz, Angst und Geborgenheit, Reinbek 1976.

Rhythmen und Reime, Heft 6, Arbeitsmaterial aus den Waldorfkindergärten, Stuttgart, 7. Aufl. 1995.

Scheer-Krüger, Gerda, Das offenbare Geheimnis der Temperamente, Stuttgart 1992.

Sichtermann, Barbara, Nein, nein, will nicht, Reinbek bei Hamburg 1996.

Walther Bühler, Meditation als Heilkraft der Seele, Soziale Hygiene Merkblatt Nr. 118.

Strauß, Michaela, Von der Zeichensprache des kleinen Kindes, Stuttgart, 2. Aufl. 1977.

Steiner, Rudolf, Die geistige Führung des Menschen und der Menschheit (1. Vortrag 6. Juni 1911), GA 15, Dornach, 10. Aufl. 1987.

–:, Die Erziehung des Kindes vom Gesichtspunkte der Geisteswissenschaft, Dornach, 7. Aufl. 1988.

–:, Die Welt des Geistes und ihr Hereinragen in das physische Dasein, GA 150, Vortrag vom 14. März 1913, Dornach, 2. Aufl. 1980.

–:, Die Mission einzelner Volksseelen, GA 121, 4. Vortrag, Dornach, 5. Aufl. 1982.

–:, Aus der Akasha-Chronik, GA 11, Dornach, 5. Aufl. 1973.

–:, Die gesunde Entwicklung des Leiblichen und Physischen als Grundlage der freien Entfaltung des Seelisch-Geistigen, Vortrag 1921/22, GA 303, Dornach, 3. Aufl. 1978.

–:, Nervosität und Ichheit, Einzelvortrag von 1912, Dornach, 5. Aufl. 1979.

–:, Praktische Ausbildung des Denkens, Einzelvortrag von 1909, Dornach, 14. Aufl. 1985.

–:, Anthroposophischer Seelenkalender, Dornach, 1987.

–:, Studienmaterial aus dem Gesamtwerk »Über den Traum«, Dornach 1997.

Stone, L. Joseph / Church J., Kindheit und Jugend, Band 1, Stuttgart 1978.

Streit, Jakob, Warum Kinder Märchen brauchen, Dornach, 3. Aufl. 1991.

Vasconcelos, José M. de, Wenn ich einmal groß bin, dtv 1972.

»Von der Würde des Kindes«. Sonderheft der Zeitschrift »Erziehungskunst«.

Monika Kiel-Hinrichsen

Wackeln die Zähne – wackelt die Seele

Der Zahnwechsel.
Ein Handbuch für Eltern und Erziehende

118 Seiten, kart.

Viele Eltern wissen aus eigener Erfahrung, wie schwierig Kinder gerade in der Zeit des Zahnwechsels sein können. Deutliche Veränderungen gehen an und in ihnen vor. All das sind Anzeichen dafür, dass diese Lebensphase von wesentlich tiefgreifenderen Entwicklungsschritten begleitet ist als nur dem äußerlich sichtbaren Hervortreten der bleibenden Zähne.

Die Waldorfpädagogin Monika Kiel-Hinrichsen und die Zahnärztin Renate Kviske möchten in diesem Buch aus pädagogischer und zahnmedizinischer Sicht ein tieferes Verständnis dafür bilden, was sich in den Kindern während des Übergangs ins zweite Jahrsiebt verändert. Mit Erziehungsratschlägen, Spielanleitungen und praktischen Tipps geben sie den Eltern konkrete Hilfestellungen, damit sie ihren Kindern diesen Schritt in einen neuen Lebensabschnitt erleichtern können.

Urachhaus

Monika Kiel-Hinrichsen

Warum Kinder nicht zuhören

Ein Ratgeber für Eltern und Erziehende

198 Seiten, kart.

Was tun, wenn ein Kind einfach nicht hören will? –
Monika Kiel-Hinrichsen zeigt Wege auf, wie Eltern und Erzieher mit
ihrer »Botschaft« bei Kindern auf offene Ohren treffen. Denn nicht
nur was wir sagen bestimmt die Reaktion des Kindes, sondern vor
allem auch die Art, wie wir es sagen.
Viele praktische Hinweise und Übungsanleitungen helfen dem Leser,
die in diesem Buch erworbenen Kenntnisse auch anzuwenden und
damit Sicherheit in der Kommunikation mit Kindern zu erlangen.

Wolfgang Goebel und Michaela Glöckler

Kindersprechstunde

Ein medizinisch-pägagogischer Ratgeber
Erkrankungen – Bedingungen gesunder Entwicklung
Erziehungsfragen aus ärztlicher Sicht

17., überarbeitete Auflage

750 Seiten, 107 farbige Abbildungen,

Zahn- und Gesundheitspass als Beilage, gebunden

»Dieses Buch gehört in die Hand jeder jungen Familie. Man darf es
ein Standardwerk nennen. Es bringt nicht nur eine Einführung, sondern eine gründliche Beratung nahezu aller Themenkreise, die bei der
Aufziehung und Erziehung von Kindern zur Frage werden können. So
ist ein Volksbuch der Kinderpflege entstanden. Dieses Buch gehört
auch in die Hand jedes in pädagogischen Berufen Stehenden!«

Urachhaus